情感力

打破人脈壁壘的心理學

EMOTIONAL POWER

蔡賢隆 著

拒絕白目溝通，簡單複製成功！

××××××××××××××××××××××××××××××××××

了解人脈與情感的祕密，把握每一個社交機會
深度挖掘情感力量，運用心理學為人際關係注入新動力

拒絕白目溝通
簡單複製成功

目　錄

前言

第一章
打造形象，先讓別人接受你

1 第一印象價值百萬	10
2 穿著打扮為你提高身價	14
3 微笑是走進對方的陽光	17
4 一諾千金，誠信做人	20
5 不輕易承諾	22
6 讓人感受到你的熱心和誠意	24
7 責任勝於能力	26
8 親和力是贏得他人好感的重要手段	29
9 注重形象，贏得主動權	32

第二章
以禮悅人，送禮送到心坎裡

1 禮儀是受歡迎的「通行證」	36
2 禮輕情意重，溝通是關鍵	38
3 小握手，大問候	42
4 觥籌交錯，飲酒有學問	45
5 送禮送到心坎裡	50
6 禮多人不怪	53
7 送禮別失禮	55

第三章
靈活處世，累積人脈資本

　　1 好好包裝你的舌頭　　　　　　　　　　　58

　　2 左右逢源巧辦事　　　　　　　　　　　　61

　　3 投資感情，收穫人情　　　　　　　　　　65

　　4 見什麼人說什麼　　　　　　　　　　　　68

　　5 善意的謊言總有存在的價值　　　　　　　72

　　6 給別人面子自己就有面子　　　　　　　　75

　　7 晴天留人情，雨天好借傘　　　　　　　　77

　　8 讓「不」做自己的保鏢　　　　　　　　　79

　　9 關係和諧，人緣「升值」　　　　　　　　83

第四章
用語機智，動嘴之前先動腦

　　1 看看四周再說話　　　　　　　　　　　　86

　　2 學會思索，懂得放棄　　　　　　　　　　88

　　3 窮人缺什麼　　　　　　　　　　　　　　92

　　4 啟動你思考的引擎　　　　　　　　　　　95

　　5 把話說巧，需經大腦　　　　　　　　　　98

　　6 腦袋決定錢袋　　　　　　　　　　　　　101

　　7 不怕做不到，就怕想不到　　　　　　　　105

　　8 思考決定出路，行動決定成功　　　　　　109

　　9 善於思考，多向自己提問　　　　　　　　113

第五章
滴水含光，成大事一定要注重細節

　　1 把握細節，將百分之一的運氣變為百分之百的財氣　　118

　　2 到新公司要注意的細節　　　　　　　　　121

　　3 細節決定成敗　　　　　　　　　　　　　124

4 資訊就是細節　　　　　　　　　　　127

5 不用錢財照樣收攏下屬的心　　　　131

6 細節描寫讓廣告如虎添翼　　　　　134

7 用好細節這個槓杆　　　　　　　　138

8 細節影響個人前途　　　　　　　　143

9 細節成就完美　　　　　　　　　　147

10 小事情，大收穫　　　　　　　　　150

第六章
操縱對方，讀懂他人心

1 一眼看透上司想法　　　　　　　　154

2 投其所好，操縱對方　　　　　　　159

3 指隨心動，從握手方式看他人心理　162

4 察言觀色是一門學問　　　　　　　165

5 讀懂人心，才能做好事情　　　　　169

6 每天學點色彩心理學　　　　　　　172

7 家庭教育須懂點心理學　　　　　　177

8 揣摩對方心理，把話說到心窩裡　　180

9 從眼神窺視對方動機　　　　　　　184

10 瞬間識破謊言　　　　　　　　　　188

第七章
贏在距離，把握交際的尺度與分寸

1 幽默要有度，玩笑要得體　　　　　196

2 「激將」也要把握好「度」　　　　200

3 放下架子，縮短距離　　　　　　　204

4 把握分寸，說話恰到好處　　　　　207

5 讓距離來為婚姻保鮮　　　　　　　211

6 把握距離，讓異性友誼更美　　　　216

7 有一種距離叫隱私　　　　　　　　219

8 交往中需知進退 223

9 跟上司說話要把握分寸 227

第八章
建路搭橋，尋找過渡的「第三者」

1 找對靠山，跟對人 232

2 上司是梯子，借梯可升天 236

3 用你的嘴說動別人的腿 239

4 同學的人脈資源千萬不要浪費 243

5 審時度勢，借風行船 246

6 讓下屬增強你的實力 250

7 利用枕邊風，萬事好商量 253

8 親不親故鄉人 256

9 用好人脈，搭起財脈 259

第九章
通融達變，智欲圓而行欲方

1 左手白臉，右手黑臉 264

2 要精明，更要藏巧 268

3 欲取先予，巧辦難事 270

4 好馬也吃回頭草 274

5 裝聾作啞，不戰而勝 278

6 妻子撒嬌，丈夫彎腰 281

7 留得青山在，不怕沒柴燒 286

8 睜一隻眼，閉一隻眼 288

9 做人要方，也要圓 292

前言

　　成功對很多人來說也許是可望而不可及的巔峰，征服的過程很充實、精彩，但現實是成功者眾，不成功者亦眾。為什麼人與人之間有如此大的差距呢？不僅是因為智商或運氣，成功與失敗者最大的區別應該是在於是否掌握了說話、做事的技巧——社會總偏愛善於說話和巧於辦事的人。如果你想在紛繁複雜的社會取得成功，在仕途上春風得意，在社交上遊刃有餘，在商場上如魚得水，在情場上風流倜儻……就不能不具備說話和做事的能力。

　　為此，本書從打造形象、以禮悅人、累積人脈、勤於思考、注重細節、讀懂心理、交際分寸、善於借勢、方圓變通九個方面，教你如何靈活地說話、做事。書中全面介紹聰明的說話技巧、高效的辦事經驗、輕鬆為人的方法和瀟灑處世的哲學，只要徹底掌握並融會貫通，為人處世就能左右逢源、無往不勝。本書匯集東西方傳統和現代人經驗及處世哲學，既有現實生活的例子，又有頗讓人回味的典故，讓讀者能輕鬆地運用到實際生活，成為生活和工作的強者。

拒絕白目溝通

簡單複製成功

第一章
打造形象，先讓別人接受你

　　隨著經濟發展越來越快速，競爭也越演越烈，優勝劣敗、適者生存已經成為自然界和人類社會共同的生存法則，若想要在激烈競爭中立於不敗之地，就必須學會打造自己的形象。形象是人們精神面貌、內在性格特徵的具體表現，每個人都在透過形象讓別人來認識自己，周圍的人也會藉此對你做出判斷。因此，在說話辦事前，你必須打造你的形象，讓別人接受你。

1 第一印象價值百萬

在人與人的交往中，我們常常會說或者會聽到這樣的話：

「我永遠忘不了他留給我的第一印象。」

「我不喜歡他，也許是他留給我的第一印象太糟了。」

「從對方敲門進入到坐在我面前的椅子上，在這短短的時間內，我大概就知道他是否合格。」

這些話說明了什麼？說明大多數的人都是以第一印象來判斷、評價一個人的。

對方喜歡你，可能是因為你留給他的第一印象很好；對方討厭你，可能是你留給他的第一印象太糟，這就是所謂的初始效應。

初始效應（primacy effect），又叫做「第一印象效應」，是指最初接觸到的資訊所形成的印象對我們以後的行為活動和評價的影響。人在初次交往中留給對方的印象通常會很深刻，會使他人自覺地依此去評價，而日後的交集都被用來驗證第一印象是否正確。

人的一生會遇到很多重要的第一次，也會有很多需要重視的第一印象，例如求職時第一次去見面試官，為了拜託人幫忙而第一次登門拜訪，參加工作時第一次見到新同事，找伴侶時第一次與對方約會等。無論是哪種類型的第一次，給人的第一印象都很重要，關係到求職能否成功、事情能否辦成、事業能否成功，婚姻能否美滿。

一位先生登報招聘一名辦公助理，約有五十人來應徵，但他只挑中了其中一個男孩。

「我想知道你為什麼會選那個男孩。」他的一位朋友說：「他沒有帶介紹信，也沒有任何人推薦他。」

「你錯了，他帶了許多介紹信。」這位先生回答：「他在門口蹭掉了腳下帶來的土，進門後記得隨手關門，說明他做事仔細小心；當他看到老人時起身讓座，表明他心地善良、體貼別人；他進到辦公室後先摘下帽子，回答問題時乾脆果斷，在其他人都從我故意放在地板上的書上跨過去的時候，只有他撿起來放回桌子上，而且始終保持衣著整潔、頭髮整齊、指甲乾淨，證明他既懂禮貌又有教養。難道不就是最好的介紹信？」

那個男孩透過自己的一言一行打動了面試官，成功地用「第一印象」推銷了自己。幸運其實並不神祕，也並不是「可遇不可求」，只要打造完美的第一印象，也許你就是下一個幸運的人。

現實交往中，我們務必在「慎初」上下功夫，努力留給對方良好的第一印象。

那麼應該如何展示自己的第一印象呢？對此美國專家曾提出如下建議：

（1）發揮自己的優勢

一個人的動作、手勢、神情以及其他吸引他人注意的能力，都是旁人形成印象的因素，而充滿自信的樣子總能引起好感。只要有效地發揮自己的優勢，別人自然會喜歡和你在一起，並容易與你合作。

（2）保持自我本色

保持最佳狀態的真我是留下美好印象的祕訣；懂得為人處世的人，不會因為場合不同而改變自己的性格。無論你是與人親密地交談還是在發表演說，都要盡量保持自己的本色不變，不要給人造成言行不一的不誠實感覺。

（3）善用眼神及目光

不管是跟一個人還是一百人說話，一定要記住看著對方，微笑著

用目光照顧到所有的人，也不要避開眾人的視線，這樣自然能獲得他人的尊重、認可與好感。

（4）先聽而後行

待人處世時，切勿急於發表意見，要稍微等一下，瞭解當時的情形，看看社交場合的氣氛如何？別人的情緒是高漲還是低落？他們渴望聆聽你的意見還是露出厭煩的神色？只有你察覺別人的情緒，才能比較容易地接觸他們。

（5）集中精力

怎樣才能集中精力？這是很多人都關心的問題。有一位專家是這樣告訴我們的：「我在跟別人見面之前，通常會坐下來靜一靜，做一個深呼吸。我會思考這次見面的目的——自己的目的和他人的目的。有時候我步行幾分鐘，使心跳加速，這樣進門時就不會再想著自己。我把注意力全集中到那人身上，嘗試找出他值得我喜歡的地方。」

（6）態度一定要肯定

肯定的態度很重要。我們常常看到有些人說話時聲音越來越小，甚至用手摀住自己的嘴巴，這樣的舉動通常會降低印象分數——沒有人願意跟態度遲疑的人打交道。冷靜是必要的，小心謹慎也沒錯，但切勿猶豫不決。

（7）放鬆自己的心情

要使別人感到輕鬆自在，你自己就必須表現得輕鬆自在。不管遇到任何嚴重的事情，盡量保持放鬆的心情，學會一點幽默，不要總是神色嚴峻或一副苦悶的樣子，否則家人、朋友和同事會對你感到十分厭倦。時間久了，關係能好嗎？

以上七點可以幫助我們給他人留下良好的第一印象，為今後的個人發展鋪路搭橋。

很多時候，職業的成功並不依託於畢業的學校或智商，而是取決於給人的第一印象。

2 穿著打扮為你提高身價

在競爭日益激烈的社會裡，個人形象已經成為走進社會的資格證書，甚至比工作經驗更加重要，會對工作和人生產生不可估計的影響。

俗話說：「佛要金裝，人要衣裝。」這句話充分說明穿著打扮對於一個人有多重要。很多人都有以貌取人的天性，外在形象自然會影響著別人對你的印象。你穿著貴氣，無形中就抬高了自己的身份，別人覺得有利可圖，就容易答應你的要求；你衣著寒酸窩囊，使人感覺齷齪、猥瑣和侷促不安，別人認為拿不到好處，就可能一口回絕你的請求。

穿著得體的人會向眾人傳遞這樣的資訊：「這是一個重要的人，聰明、成功、可靠。大家可以尊敬、仰慕、信賴他。」反之，一個穿著邋遢的人等於在告訴大家：「這是個沒什麼作為的人，他粗心、沒有效率、不重要，他只是一個普通人，不值得特別尊敬他，他習慣不被重視。」

同理，不合身份的穿著也會令對方產生負面觀感，例如身為學生卻開著名貴汽車，或者使用價格昂貴的打火機，就難免讓人覺得輕浮。

一個人的服飾具有「延伸自我」的特徵，如果形象和服飾差距過大，就會有「不完整人格」的印象，例如衣服和鞋子都是高級品，腰帶卻是廉價品，這種不自然的搭配便會產生難以形容的突兀感。

在人際交往中，服飾在很大程度上反映了一個人的社會地位、身份、職業、收入、愛好甚至是文化素養。例如《紅樓夢》第四十二回中有這樣一段描寫：

一時只見賈珍、賈璉、賈蓉三個人將王太醫領來。王太醫不敢走

甬路，只走旁階，跟著賈珍到了台階上。早有兩個婆子在兩邊打起簾子，兩個婆子在前引導進去，又見寶玉迎接出來。

只見賈母穿著青皺綢一斗珠的羊皮褂子，端坐在榻上，兩邊四個未留頭的小丫鬟，都拿著蠅刷漱盂等物，又有五六個老嬤嬤雁翅站在兩邊。碧紗櫥後，隱隱約約有許多穿紅著綠、戴寶簪珠的人。王太醫也不敢抬頭，忙上來請了安。

賈母見他穿著六品服色，便知是御醫了，含笑道：「供奉好？」因問賈珍：「這位供奉貴姓？」

賈珍等忙回：「姓王。」

賈母笑道：「當日太醫院正堂有個王君效，好脈息。」

王太醫忙躬身低頭含笑，回說：「那是晚生家叔祖。」

賈母聽了笑道：「原來這樣，也算是世交了。」

一面說，一面慢慢地伸手放到小枕頭上。

由此可知，一個人的服飾對自身形象的塑造、傳播相當重要；沒有得體的服飾，就沒有自身良好的形象。

一位企業家這樣說的：「企業家一開始合作是看什麼？其實很大程度是服裝。記得有一次，我想開一件新產品，我朋友幫我介紹了合作夥伴。見面那天，那人穿著西裝，裡面套了一件圓領衣服，手裡拿著一支手機。」

「我當時就覺得很彆扭。你想想，西裝是多麼正式的衣服，他穿了件圓領衣服來配，還拿著個手機，典型的暴發戶形象，我當下就決定不與他合作。後來，朋友說，他真的很有錢，而你正缺錢。我說，我確實缺錢，但合作夥伴更重要。他出錢就肯定會參與、管理、和我共同決策，他的水準直接影響到我的生意，所以我不選擇他。」

無論自制力有多強，每個人或多或少都會受到周圍環境的影響。

拒絕白目溝通
簡單複製成功

如果一個人衣衫不整、不修邊幅、房間凌亂,那他很快會染上這樣的氣息,思想會變得跟身體一樣邋遢凌亂。相反,當你憂心忡忡、身體不適、無心工作的時候,你不應該穿著睡衣無所事事地躺在床上,而是要去洗一個熱水澡,換上新衣服,像是去赴盛大宴會一般仔細修飾一番,那樣就會有脫胎換骨的感覺。

乍看之下,僅憑衣著判斷一個人似乎膚淺輕率了些,但經驗一再證明,衣著的確是衡量穿衣人的品位和自尊的標準;渴望成功的有志者應該謹慎地選擇衣裝。為自己包裝一副好形象,對處在激烈生存競爭中的現代人格外重要,意想不到的機會會因為你大方的形象落在你的身上,成為飛黃騰達的第一步。

3 微笑是走進對方的陽光

微笑是種令人愉悅的表情，是種含義深遠的體態語，在公關活動中有很重要的作用。微笑可以縮短人與人之間的心理距離，迅速增進親近感；不管是和認識還是不認識的人在一起，熱情的微笑都會像陽光那樣給人光明和溫暖，使人感到輕鬆和愉快。

無論你在什麼地方、做什麼事情，只要和人相處，你就必須記得：微笑是最普及的語言，它能消除人與人之間的隔閡，拉近彼此的距離；即使是你一個人微笑，也能使你和自己的心靈進行交流。

現代社會的競爭越來越激烈，生活節奏也越來越快，人們只顧著忙著自己的事，很少關心別人。在這種情況下，人們內心深處更需要他人的理解和關懷，若能在這時候給他們一聲真誠的問候和關心，既能滿足他們情感的空缺，還會有一份真情回報於你。

吳柳是一位大學剛畢業的學生，孤身來到深圳一家四星級飯店打工，成為餐飲部的服務生。在結束試用期的前一天晚上，一名港商單獨要了一間客房，指名要吳柳送一杯咖啡。當時的她忙得無法抽身，等到了那位港商房間時，已經比預約的時間晚了二十幾分鐘。吳柳小心翼翼地把咖啡調好送去，面帶微笑地說：「先生，謝謝您對我的欣賞和信任，但由於沒能抽身，耽誤了您的時間，我感到非常地抱歉！」

這位港商卻不領情，左手一揮碰倒吳柳雙手捧著的咖啡杯，杯裡的咖啡潑了吳柳一身，但他卻視而不見，指了指手錶說：「多久時間了？像妳這樣服務，還會有人再來嗎？」

不管吳柳怎樣解釋和道歉，這位港商都不領情，最後還要來了意見簿，吳柳心裡一沉，心想這位港商要投訴自己了——要是這樣，那

拒絕白目溝通
簡單複製成功

她這三個月的試用期就要白費了。儘管十分委屈，但吳柳還是面帶微笑地雙手呈上意見簿，向他真誠地說：「我為今晚的服務不佳表示道歉，您有什麼意見和看法儘管寫上去吧，我會欣然接受。」

第二天早上，餐飲部經理宣佈錄用正式員工的名單中，沒有吳柳的名字！就在人們看著吳柳的時候，經理又宣讀了任命書，說是根據飯店總經理的特別提議，任命吳柳為餐飲部的領班。

會後，餐飲部經理帶著吳柳見了飯店老總，沒想到就是那晚刁難吳柳的港商。他說：「雖然妳表現得很不錯，但真正能打動我的還是妳的微笑，光是昨天晚上就發揮了九次效果，我就算氣也氣不起來了。」

的確，沒有人能輕易拒絕一個笑臉。笑是人類的本能，要人類將笑容從臉上抹去是件很困難的事情。由於人類有這樣的本能，微笑就成為彼此間最短的距離。為人處世中，微笑是友好的標誌，是融合的橋梁，可以化干戈為玉帛，協調人與人之間的關係，創造快樂的氣氛。

微笑是人類的寶貴財富，是自信的標誌，也是禮貌的象徵。人們往往依據微笑獲取對你的印象，從而決定對你的態度。善用微笑，溝通就能變得容易，做事也將不再感到為難。

法國作家阿諾・格拉索說：「微笑是最好的特效藥。」即使你遇到的人有的愛發脾氣，有的刻薄挑剔，有的會出言不遜、咄咄逼人，或者與你存有隔閡芥蒂，應對這些最難對付的人，含蓄的微笑往往比口若懸河更可貴。面對別人的胡攪蠻纏、粗暴無禮，只要冷靜微笑，你就能穩控局面，從而以靜制動，以柔克剛，擺脫窘境。

微笑不是刻意迎合，而是一個人涵養的展現，是對他人一種友善的表示，反映控制和表現自己情緒的能力，顯示主動熱情、坦率大方的個性。當你不慎得罪了朋友和同事、無意冒犯了上司和長輩時，想

向他們解釋道歉，卻又礙於顏面難以啟齒的話，只要主動真誠地向他們報以微笑，一切便會和好如初。

有人說，微笑是愛情的「催化劑」，是家庭的「向心力」，是人際交往的「潤滑劑」。微笑能給人以美的享受，又是向他人發出的寬容、理解和友愛的信號。面對這樣的表示，又有誰會拒絕呢？

古人云：「笑開福來。」微笑因幸福而發，幸福伴喜悅而生，即「情動於中而形於外」。只要時時超越自我情緒的困惑，就能保持輕鬆愉快的心境，因而湧起幸福的微笑，並感染他人，而他人的微笑又回頭強化你的愉悅和微笑，形成一種良性循環，促進個人發展其個性與創造力，為處理好事情鋪下一塊塊堅固地「基石」。

4 一諾千金，誠信做人

「言必信，行必果」、「一言既出，駟馬難追。」這些流傳千百年的古文生動地表達了守信的重要。事實證明，只有保持誠信才能贏得做人的尊嚴，最終成就一番大業。

誠實守信被視為為人處世、齊家治國的基本品質，成功的商人也會將信譽視為生命，如胡雪巖深知「誠信至利，欺詐招害」的道理，在經商中堅持做到以質取「信」，在胡慶餘堂創辦之初，親自立下「戒欺」匾，上書：「凡百貨貿易均不得欺字，藥業關係性命，尤為萬不可欺……採辦務真，修制務精，不至欺予以欺世人。」並將其懸掛店堂內側，時時告誡員工。胡慶餘堂製藥所涉及的藥材不下三千種，倘有假冒藥材進店，一概棄之。

一流的企業應有一流的服務，對此胡雪巖也很重視。他要求員工不但要服務應熱情、周到、誠實，還應精通業務。一次，一位湖州香客買了一盒「胡氏避瘟丹」，看後微露慍色，欲換之，不巧已售罄。胡雪巖再三致歉後即命三日後趕制出來，並給予免費在店膳宿。還有一名在蕭山縣署當差的敖姓四川人，持五百兩銀子，走遍杭城錢莊，都說銀質劣不予兌換，抱著最後一試來到阜康錢莊，胡看後笑曰：「這是上等紋銀，有何可疑？」敖生返署後讚不絕口，這樣一傳十，十傳百，聲名洋溢，一時達官顯貴都以存資阜康為榮，是年錢莊積資三千餘萬兩銀子。更值得稱道的是，一位即將上前線的駐浙綠營兵羅尚全，慕名登門存了一萬兩銀子，聲稱不要利息、不要收據、三年後來取，但卻不幸陣亡了。胡雪巖得知後，在毫無憑據情況下，主動連本帶息付予其家人一萬五千兩銀子。

　　此外，胡雪巖主張商人應當「重義不輕利」。他會主動貸款給藥農，以較高的價格購入被洋商壓價的蠶農蠶絲，並在旁人危難時挺身相助。成為富豪後，胡雪巖仍然熱衷於賑災扶危、興辦公益事業。清軍攻入杭城時，他不但收葬殘骸上萬具，還捐米萬石，施粥施藥。

　　在旱澇災頻發的那些年，他先後捐助直隸、江蘇、陝西、山西、河南等地錢、物以及藥材總折價達二十多萬兩白銀，還在杭城興義渡、開義塾，由此博得一個「胡善人」的美名。

　　一個人想要在社會立足，就必須有誠實守信的品德，弄虛作假、欺上瞞下以取得榮譽與報酬是會被唾棄的。誠實守信是種公德，是社會對人的基本要求，也是追求成功的必經之路，表現出對別人和自己的尊重。對別人言而無信，不僅傷害對方，有時也可能危及自己。

　　俗語說得好：「人無信不立，業無信不興。」誠信乃做人的基本標準，是第二張「身份證」。一個守信用的人能樹立起良好的道德形象，別人會認為他值得信賴，從而放心地與其交往，給予他信任、支持和幫助，使他在各方面進展順利。

　　和許多的事物一樣，信任也不是單向的。我們要透過誠實守信的言行建立起自己在人群中、在社會上的信譽，也要學會信任值得信任的、有信譽的人；無論是信任別人還是被別人信任，都是一種幸福。

　　人無信不立。以誠待人、講求信譽是一個人為人處事之道、安身立命之本；在市場經濟的環境中，堅守誠信原則是商家贏得市場的不二法門。

5 不輕易承諾

美國紐約自然博物館裡陳列著一塊數百公斤重的大石頭，這塊石頭看上去很普通，仔細看卻會發現它有一個缺口，順著缺口看進去，裡面是一塊閃光耀眼的紫水晶。關於這塊石頭，有一個動人的故事：

它原本是一個美國人庭院內的廢石，後來主人覺得有些礙事，讓人把它移開。在把它往車上搬運的時候，工人不小心把它摔在地上，摔出了一個缺口，露出了裡面包著的紫水晶——價值連城的寶物。當主人得知真相後，很平靜地說：「這塊石頭，我本來就是要丟掉的。現在雖然發現它是寶物，但我決定不占為己有，而是將它送給博物館，讓更多的人欣賞。」

這裡涉及到的是做人的原則問題。石頭主人的話並不是信誓旦旦的諾言，說話的人卻以嚴肅的態度待之。孔子說過：「君子喻於義，小人喻於利。」此話說的是正人君子要講信義，只有小人才不顧信義，而看重那些蠅頭小利。

然而，並不是所有人都能做到像石頭的主人一樣。記得有一個故事是這樣說的：

一位先生本來在火車站內沒有熟人，卻硬是對別人說他在火車票售罄後仍能買到火車票，結果有很多朋友、同事請他幫忙買火車票，而他也有求必應。為了完成承諾，這個人只好半夜三更去排隊買票，結果拜託他的人越來越多，有時他只好貼錢買高價票，搞得自己狼狽不堪。

這就是沒有考慮自己的能力，輕易承諾別人帶來的麻煩。票買來了，大家認為你真了不起；買不來，別人會認為你可以幫別人買，為

什麼不能幫我買？關係有了裂痕，反而失去了信譽，又得罪了人，何苦呢？

在社會交往中，能主動幫忙朋友當然很好，但凡事要量力而行。諾言能否兌現不僅有自己努力的程度問題，還有客觀條件影響，因為不可抗力因素而無法實現承諾的情況並不少見，所以我們都不應該輕易許諾。明知辦不到就應該要說清楚，千萬不要打腫臉充胖子，這樣反而會因此失去朋友。

我們應該要反對那種「言過其實」的許諾，也反對使人容易「寡信」的「輕諾」，更反對「言而無信」、「背信棄義」的醜行！在對待別人時，千萬別輕易許諾，許了諾，便一定要遵守。別人會為你守信的態度而打動，從而信賴、依靠你，你在生活中便會戰無不勝、攻無不克。

6 讓人感受到你的熱心和誠意

「精誠所至，金石為開。」好口才的第一步就是要讓人感覺到你的熱心和誠意。如果連自己都言不由衷，又怎麼能說服別人？如果誠意要求的是內容，熱心重視的就是態度，唯有「情自肺腑出，方能入肺腑」。

真誠是人類最偉大的美德之一。一般而言，只要說話內容真實可信，再加上熱心誠懇的說話方式，溝通時就能達到理想的效果，幫助他取得成功。

美國石油大王洛克菲勒的兒子小洛克菲勒，在處理某一次的工業大罷工時，就是運用誠懇的演說解決與工人之間的矛盾。當時，科羅拉多州煤鐵公司的礦工為了要求改善待遇而罷工，但因為公司處置不善，這次罷工演變成流血的慘劇，勞資雙方走向了極端，並持續兩年之久，成為美國工業史上一次有名的大罷工。

小洛克菲勒最初以軍隊鎮壓，不僅沒有解決問題，反而使使自己的財產受到更大的損失。後來他改用柔和的手段，暫時將其置之不談，深入到工人當中，親自到工友家中進行慰問，使雙方情感慢慢地好轉起來，並且叫工人們組織代表團，以便和資方洽商和解。他看出工人們對他的敵意漸漸減少，於是對罷工運動的代表們作了一次演說，總算解決了兩年來的罷工風潮。

在演講中，小洛克菲勒說：「今天恐怕是我有生之年最值得紀念的日子，我十分榮幸能夠認識諸位。如果今天的聚會是在兩個星期之前，那我們不過就是彼此的陌生人，因為我對於諸位的面容並不熟悉。這兩個多禮拜的時間給了我機會到南煤區的各個帳篷去看了一遍，並

和諸位代表進行個別談話；我看過諸位的家庭，會見諸位的妻兒老幼，大家對我都十分的客氣，完全把我看做自己人一般，所以，今天的我們已經是朋友了。現在，我們不妨基於友誼來共同討論我們大家的利益。參加這個會議的是廠方職員和工人代表，而蒙諸位厚愛，我現在才能在這裡和諸位相見並努力化解一切矛盾。我終生不會忘掉這種偉大的友誼。今天的我雖然代表公司董事會，可是我和諸位並不站在對立的地位，我覺得我們有著密切的關係和友誼。我很願意提出來和大家討論彼此有關的生活問題，以求獲得雙方都能兼顧到的圓滿的解決辦法……」

小洛克菲勒的這番話沒有華麗的辭藻，話語卻相當誠懇，引起了礦工廣泛的共鳴，成功使自己擺脫了困境。

真誠的語言不僅會給我們帶來成功，還可能帶來神話般的奇跡，但如果不遵循「誠能感人」的原則，就會失信於眾，輕則影響個人的形象和聲譽，重則危及自己的前途和生存。我們在與人交往時，必須秉持一顆赤誠的心，不要流於巧言令色、油嘴滑舌之輩，而是要根據情態的不同，將自己最好的一面透過「說話」表現出來。

7 責任勝於能力

　　人可以清貧，可以不偉大，但不能沒有責任。什麼是責任？責任是對自己所負使命的忠誠和信守，責任是忘我的堅守，任何時候都不能放棄。

　　如果一個人有強烈的責任意識，他就會努力地去學習，全力以赴地去工作。他會有一種使命感和奉獻精神，也會不斷提升自己的能力。一般來說，有強烈責任感的人工作會比較出色，貢獻也會比較大，通常比較會被擁護，反之，光有能力而毫無責任心的人則無法做好工作。說得極端一點，毫無責任心的人能力越大，破壞力就會越大，那些高科技罪犯就是很好的證明；這些人能力不可謂不強，但是由於他們對家庭、對社會嚴重缺乏責任意識，才會走錯路。

　　查爾斯‧施瓦布（Charles Schwab）是美國伯利恆鋼鐵公司（Bethlehem Steel Corporation）的董事長，他的公司旗下有個工廠的工人總是完不成表定任務。一天，施瓦布來到工廠的廠長辦公室，問他：「怎麼會這樣呢？那個目標並非不可完成吧。」

　　「我也不知道是怎麼回事。」廠長為難地說，「我向那些人說盡好話，又發誓又賭咒我甚至威脅要把他們開除，但是都沒有用。他們就是完成不了自己的工作。」

　　「請你帶我到工廠去看看吧。」施瓦布說。

　　當施瓦布來到工人作業的地方時，正值早班工人要下班、晚班工人即將接班之時。施瓦布問一個早班工人：「請問你們今天一共煉了幾爐鋼？」

　　「一共六爐。」工人回答。

施瓦布默默拿起一支粉筆，在小黑板上寫下了數字六，然後一聲不響地離開了。

晚班工人上班了，看到黑板的數字都十分好奇，忙問早班工人那是什麼意思。

「董事長今天到這裡來了，」那位早班工人說，「他問我們今天一共煉了幾爐鋼，我們說六爐，他就在黑板上寫下了這個數字。」

第二天一大早，施瓦布又來到工廠。他看了看黑板，見晚班工人把「六」換成了「七」，就微笑著離開了。

早班工人來上班時，都看到了那個「七」。一位早班工人激動地大叫道：「這分明就是在說我們早班工人不如他們晚班工人做得多，我倒要讓他們看看到底誰比誰強！大家說是不是？」

早班工人們都大聲附和。

就這樣，早班工人為了向晚班工人顯示出自己的能力而努力工作，當他們晚上交班時，黑板上出現了一個巨大的「十」。就這樣，兩班工人開始相互競爭，漸漸地讓這家產量一直落後的工廠成為所有工廠中業績最突出的。

施瓦布的高明之處在於巧妙地利用比較心態調動工人的好勝心，進而激起他們的責任感，使他們能充分地發揮自己的能力，創造出驚人的成績。

從某種意義上來說，責任勝於能力。如果我們既有強烈的責任心，又有很強的能力，那是最理想不過的結果，也應該成為我們為之努力的方向。

工作就意味著責任。在這個世界上沒有不需承擔責任的工作，職位越高、權力越大，肩負的責任也就越重。不要害怕承擔責任，要相信自己可以承擔任何正常職業生涯中的責任，只有這樣才能出色地完

拒絕白目溝通
簡單複製成功

成工作。

　　世界上最愚蠢的事情就是推卸眼前的責任，說等到以後準備好了、條件成熟了再去承擔。只有在需要你承擔重大責任的時候，馬上就去承擔它，這才能稱得上是最明智、最好的選擇，也才能讓你成長茁壯，進而成功。

28

8 親和力是贏得他人好感的重要手段

沒有一個人不渴望自己擁有「親和力」，因為這是渴望與他人親近、和諧相處的一種心理狀態，甚至可以說是人類最基本的內心需求。與人交談時，恰當地表現出親和力，必定為你加分不少。

但要怎樣做，才能使自己走到哪裡都有人願意結交，吸引陌生人成為自己的朋友呢？有關專家認為，下面幾點如能做好，你的這項功夫便差不多了：

（1）培養高貴品格

許多人認為靠自己讀書學習很難有成果，但如果親近賢能的師友，就可以養成高貴的人格。古人言：「有欲成大事者，必先拜訪名師。」求師的目的是為了養成高貴的人格，使人際交往有禮有節，不無周到之處。

如果能對世間人情與所學徹底融會貫通，靈活運用，人格便可達到真、善、美的完美境界。

（2）摒除個人私欲

為了求生存，人們難免有私心或私欲，沒有私心的境界是聖人的境界，一般人無法企及，但我們在處理日常生活中的各種事物時，千萬不能使自己成為私心、私利或私欲的奴隸。私心出於私欲和私利，有私心往往是為了給自己爭取更多的利益，實際上常常事與願違，玩弄私心的人最後總是自食惡果。

（3）接受他人意見

世界上不存在全知全能的人，只有傾聽別人的意見，你才能成為更優秀的人。要結好人緣就要培養樂於傾聽、善於傾聽的謙虛心胸，

而只要有這個的胸襟，他人才容易會視你為知己。

一般在採納別人的建議時，人們會出現三種不同的態度：

一、以感激的心情接受，進而執行

二、意見相反，並不接受

三、斷然拒絕，並懷疑別人的好意。

後兩種都會對朋友造成傷害，處世時最好做到能分清什麼是好、什麼是壞，用感恩的心接受他人的好意見。這樣，不僅對個人有益，朋友也會愉快的。

（4）保持寬容大度

俗話說「千人千面」，而人心的差異又勝過人的面孔，所以凡事都要尊重別人，不應該以自己的標準去評價別人，應該多為他人著想，尊重他人的存在價值。唯有如此，個人的智慧、潛能才能得到真正的發揮，交際範圍才會越來越廣。

（5）洞察事物規律

目光短淺、只盯著眼前，常會失去結交君子的機會，只有放遠目光才能發現洞察出事物的真理，得到真正的友情。培養對事物全面細緻的觀察能力會激起對人生的熱忱，增加對社會的瞭解，培養出遠大的眼光。

（6）客觀待人處事

如今社會上的一些齟齬衝突，就是因為缺乏寬廣的心胸，主觀而片面地看待人和事，才產生的紛爭。為了避免不必要的麻煩，我們應該客觀地觀察人和事，如實反映他們的面貌，這樣，無論對己對人、對事對物，才會有正確的判斷。

（7）虛心好學

生活中處處都有學習的機會，關鍵是你是否有虛心好學的態度。

如果有了這種態度，平常的談話就可以得到知識和經驗，但若不會隨時隨地反省檢討，也不能發現別人的優點，就很容易失去良師益友。

（8）時刻保持冷靜忍讓

許多人失去朋友，常常是因為遇事急躁引起爭吵，才會導致關係破裂，而從這個角度來看，保持冷靜是十分重要的事。無論是什麼場合，我們都應該記得從大局出發、保持沉著，才能不失去理智，做出讓自己後悔的事。

（9）真誠、博愛、互助

人人都有需要幫助的時候，人性中也有幫助別人的天性；想要廣結善緣就要無私、平和地看待一切人和事，唯有如此，你的朋友才會越來越多，人緣也才會越來越好。

9 注重形象，贏得主動權

　　一個人要想得到別人的歡迎，首先要做出「受人歡迎」的樣子。不管你從事的是什麼樣的工作，只要你想要做出成就，想要被別人喜歡，就不應該忽略自己的形象，它將影響到你未來的發展。

　　如果你是一名普通的公司職員，良好的形象有助於獲得升遷；如果你是一名推銷員，良好的形象有助於獲得成交的機會；如果你是一名管理者，良好的形象將有助於提高在公司的影響力；如果你是一名演員、歌星或公眾人物，良好的形象會幫助你獲得更多人的喜愛。

　　形象是行走在社會的通行證，一個人完全有可能因為形象良好贏得更多機遇，並脫穎而出。

　　也許有人會說：「每次見人都要為自己設計一個『受人喜歡』的形象，實在太難了！」但這樣的想法實在太過消極。即使你不一定能盡善盡美，但至少可以做到衣著得體吧，而且合適的服裝不僅代表自己的形象，還呈現出了對別人的尊重，實在是需要我被重視的課題。

　　俗話說「人靠衣服，馬靠鞍」。商業心理學的相關研究告訴我們，人與人之間的溝通所產生的影響力和信任度來自語言、語調和形象三個方面，重要性所占比例是：語言占百分之七，語調占百分之三十八，視覺（形象）占百分之五十五，由此可見形象的重要。

　　當你的形象成為有效的溝通工具時，塑造和維護個人形象就成為一種投資，長期則會帶來豐厚的回報。沒有什麼比一個人內在的東西都沒有機會展示，就被拒之門外的損失更大了。

　　不管是公共場所還是私人聚會，一個人外在形象的好壞直接關係到做事的成功與失敗。如果有兩件大小一樣的禮物讓你選擇，一件包

裝別致、精美、有品位，一件隨意的用破舊袋子或盒子裹著，你的手會伸向哪一個？再試想一下，你去醫院看醫生，是願意接近穿著職業白袍、最好還掛著口罩或聽診器的人，還是走廊裡拿著衛生工具的人？

為了提高自己的外在形象，進而提升自己在別人心中的地位，你可以注意以下幾個方面：

（1）解決好形象的「焦點」問題

初次見面時，由於雙方互相並不了解，服飾和儀表自然會在彼此心中占有很重要的部分，而穿衣要得體，這是最基本的要求。服飾的個性能讓人判斷出你的審美和性格特徵，樣式過時，人家會認為你刻板守舊，太過超前則會讓人覺得你輕率固執、我行我素，兩者都容易得出「此人不好接近」的結論，影響你社交中的形象。

（2）讓你的言談舉止「放大」形象

言談舉止是一個人精神面貌的展現，要開朗、熱情，讓人感覺隨和親切，才容易有好人緣；放鬆心情、保持自己既有的特點，不要故意矯揉造作，自然會使人心生好感。有的人在「亮相」時昂首闊步，氣勢逼人，在跟別人握手時要像鉗子般有力，跟人談話時死死盯住對方，不僅令別人感覺難受，連你自己也覺得彆扭。其實最好的辦法是保持你原有的個性和特質。

言談要有幽默感。幽默的語言極易迅速打開交際局面，使氣氛輕鬆。在出現意見分歧的難堪場面時，詼諧可以成為緊張情境中的緩衝劑，使朋友、同事擺脫窘境或消除敵意，也能用於含蓄地拒絕對方的要求，或進行一種善意的批評。

（3）發揮微笑的魅力

在社交場合，輕輕的微笑可以吸引別人的注意，使自己及他人心情輕鬆些，整天笑瞇瞇的人總是有其魅力的。

拒絕白目溝通
簡單複製成功

　　一個人要活得有意義，在社會中闖出自己的一片天地，除了有一個良好的形象之外，還必須有自己的做人原則，但是共同點是要做到做事三思而後行，以小忍謀其大業。

　　在當今競爭激烈的社會中，一個人的形象遠比人們想像的更為重要，你的形象就是你的未來。

第二章
以禮悅人，送禮送到心坎裡

　　「有『禮』走遍天下，無『禮』寸步難行。」生在禮儀之邦卻不懂得以禮待人，必然會舉步維艱。這裡的禮，不僅包括對他人的尊重、注重各種禮儀，還包含物質上的「禮尚往來」；唯有雙管齊下，才能和別人有好關係。這是我們必須懂得的人情世故。

1 禮儀是受歡迎的「通行證」

一個人的禮貌常常影響他人對其的評價，對成功與人脈累積都有所幫助。禮是一種修養，是德行的展露也是文化素養的體現，更是文明程度的象徵。荀子說：「人無禮則不生，事無禮則不成，國家無禮則不寧。」所以，為人處世「禮」很重要。

一個很有名的劇院經理來找大仲馬（Alexandre Dumas）。一見面，他連帽子也沒有摘下就開始抱怨這位劇作家：「你是不是把最新的劇本賣給一家小劇院的經理？這幾年我們的合作一直很不錯，你怎麼突然改變了主意？」

大仲馬看著這位滿臉怒火的經理笑了笑，說：「是有這麼回事，我已經改變了主意。」

一聽到傳言成真，經理立刻慌了手腳，誰叫他們劇院全靠大仲馬的劇本賺錢呢。他立刻換上笑容，放低姿態說道：「我可以給您上個劇本兩倍的價格，您還是賣給我吧。」

大仲馬笑了笑，「其實你那位同行用一個很簡單的方法，就以很低的價格把劇本買走了。」

「那是怎麼回事？」經理狐疑地問。

「他以與我交往為榮，一見到我就會摘下帽子和我說話，而且他一直都很懂禮貌，說話也不會像您一樣。」

其實，人與人之間的相處就是這樣，你對他有禮，他就會在你困難的時候拉你一把，如果你無禮，那麼即使別人幫你不費吹灰之力，也會置之不理。

因此，在與人辦事的過程中，需要掌握下面四條必要的禮儀：

（1）尊重對方

在與人相處的過程中，要懂得尊重對方、態度謙虛而且自然大方，語言還要文明優雅，不要動不動說髒話。在社交場合應注意儀表禮節，展現尊重和適度原則。

（2）態度誠懇，表達親切

辦事過程中，態度要保持親切友好。誠懇熱情是人際交往的基本原則，自然坦誠的態度、充分的理解信任、發自肺腑的讚美與真誠的請教等，都能使人感到親切愉快，增強自己在對方心中的印象，產生意想不到的奇效。

（3）舉止落落大方

相處的過程中應該落落大方，即使是陌生人面前也要表現得從容不迫，即便做不到談笑風生，也不要躲躲閃閃、慌慌張張。

（4）交談中懂得傾聽和呼應

聽和說都是有效交流的重要組成部分，會聽意味著能理解對方的觀點和潛在的意見，會說則是會表達、有自信。在與對方交談的時候，你需要附以微笑、點頭等附和，還要看著他，以表示對他的尊重與關注。

禮可成人大事。社會交際中，你今天給別人一點面子，收到的可能是明天的戰友；你給別人一句謝謝，收到的可能是困境中的援手；你給別人一個援手，得到的可能是事業上的成功。

舉止優雅的人沒有了金錢也能夠成功，祕密就在於他們擁有世界上最受歡迎的「通行證」——禮。

2 禮輕情意重，溝通是關鍵

　　人的感情具有物化性，只憑著一張嘴表達關心是無法建立友好的關係，還要有點物質上的交流，而這就需要運用一些小禮物。偏偏人往往又是很矛盾的，想要卻又不好意思，所以總愛表現出不願意接受的樣子。

　　送禮是一種應酬之術，也是一種禮貌、尊重、感謝的表示，要求「禮輕情意重」。禮物應該是小巧玲瓏，不必價值過重，卻又要能表達出自己的心意。然而現代的人又有的喜歡用禮品的輕重衡量友情深淺，認為禮輕情亦淺，禮重情才深，所以再談禮輕情意重，似乎有點不合時宜。

　　其實只要仔細分析一下，禮輕情義重這句話還是有道理的。當你送給對方很重的禮物時，你或許有事相求，或許希望得到某種更貴重的東西，而對方也不會無緣無故接受你的重禮，他會猜想你是否有事求他，在接受你的禮品時會很慎重，甚至會拒絕你。送禮的多了，送禮的人心都有點麻木了，受禮者的心情可想而知。

　　我們所說禮輕情義重，是說在無求於對方時送的禮物，僅僅是為了加深感情。當對方有喜事時前去恭賀，當對方在困難時出手相幫，當對方生病時安慰關心……這種情況下，你送的禮品雖然很小，但卻是對方最看重的。

　　人們通常出於面子的需要，覺得一件小東西拿不出手，因而花大錢買了份大禮，但這樣的效果未必會好，特別是第一次見面時提了那麼多禮物，人家還以為你有什麼不可告人的目的，誰還敢收？如果主人不肯收，你的處境就尷尬了，提走不是，不提走也不是，最後難下

台的還是你自己。

當然，禮輕到什麼程度也要看情況和彼此的親密程度。隨著雙方感情越來越深，禮物可以適當地加重一些，但無論送得多貴重，都不要有多餘的想法。

送禮物給那些對你有直接利害關係的人，怎麼款待，怎麼送禮，什麼時候款待，什麼時候送禮，這裡面很有學問。在別人幫忙之後再將禮物送過去，對方一定認為你這樣做是理所當然的，如果從未拜託人家幫忙卻送禮，受禮者的想法就會大不一樣。送禮給剛上任的總經理與即將調至其他公司的總經理，取得的效果將有顯著的差異；送禮給原為自己上司，但即將調到其他部門擔任其他職務的人，則會使對方非常感動。

我們活在一個講「禮」的環境裡，如果不遵守這套遊戲規則，簡直就是寸步難行。

送禮講求藝術，功夫不到家就收不到預期效果，以下五種是針對不同對象討論送禮的方法。

（1）實惠禮品送貧者

家庭境況不好者，生活必不寬裕，你送去的禮物若是實惠的生活消費品，便有利於他貼補家用。與其送去只具觀賞性的工藝品，讓其束之高閣，不如送上實物或日用品讓他即時消費，更令其心花怒放，他會對你的「雪中送炭」感激不已。

（2）精巧禮品送富者

受禮者家庭比較富裕，普通禮品很難引起他的興趣。你勒緊褲帶，花了半個月薪水買下的禮物，在他那裡可能是稀鬆平常的東西，就如外國諺語所說：「把禮物送給富人，就像提水倒入大海。」可是，有時那份禮又必須送，那你就要在精巧上花些心思，例如送一枚你自己

親手刻制的印章，以手作表達你的真誠，或者送一件工藝品，高雅又
不貴重，還可能會引起對方的興趣。

（3）趣味性的禮品送朋友

特別是年輕朋友之間，生活本無牽掛，浪漫色彩濃厚，禮尚往來
的同時可以多在趣味性上想些點子。朋友生日時，送去代表他屬相的
工藝品，可能會令其愉悅；在他佈置房間時，你送去用布縫製的趣味
小動物，置於沙發之上，會令其捧腹大笑；他出國時，你送他一張簽
著全班同學名字的卡片，會令其感動不已。

（4）實用禮品送老人

保健的食品、舒適的衣服和急需的用具，都可能會博得老年人的
歡心，對他們的身體健康極有好處，也融洽了兩代人的關係。

（5）啟智禮品送孩子

現在的孩子衣食住行都很充裕，但愛玩玩具的特性並不會因為家
境而有所差異，在必須兼顧智能開發的情況下，智力玩具、圖書畫冊、
學習用品等禮品會更受青睞。

（6）特色禮品送外賓

外國朋友自然對具有異國情調的禮品感興趣。

如果從目的思考，可以從以下方面著手：

（1）送禮送健康

現代的人越來越重視健康問題，市面上也因此出現各式各樣的補
品，而這不妨是個送禮的著手點，。你可以在私下多瞭解一些這方面
的問題，對症下藥，送一些對身體有益的食品藥品，這樣很容易得到
對方的放心，如果使用後效果很好，那更會產生錦上添花的好處。

（2）送禮可送花

鮮花向來是種司空見慣的禮物，兼具視覺和嗅覺美，但送不同的

花也代表了不同的含義，例如馬蹄蓮代表崇高和蕭穆。一般情況下，送給長者或領導表示自己的尊敬，同時可搭配松柏枝，有祝福健康長壽的意思；蘭、梅、竹、菊被視為清高、風骨、氣節的象徵，可以送給師長或有相當文化修養的知識份子；步步高有步步高升的意思，配以滿天星作陪襯，祝人高升的意思便更明顯，因此這種花可送給事業上正在飛速發展的人物。

送花是一種不錯的選擇，唯獨要記得考慮收禮的人是不是喜歡這樣的禮物。

（3）小小賀卡含義深

現實生活中不能忽視一張小小賀卡的作用。在很多數人看來，卡片既不用花大錢，也能看出送禮人的用心，還能收藏起來偶爾翻看，會比實際禮物更受青睞，自然也不會被拒絕。

3 小握手，大問候

握手是種溝通思想、交流感情、增進友誼的方式，也是日常交往最常見、最常用的禮儀，可能用在和初次相見的人會面、見到久別重逢的親朋好友及同事、向別人表示祝賀和友誼等時機。握手將成為你與他人掌心相通的溫暖，與他人心靈交流的橋梁，是成功路上不可少的契機。

在與人交往的過程中，一定要注意與人握手的三種禮節：

第一，與老人、長輩或是貴賓握手的禮儀。

與老人、長輩或貴賓握手，不僅是為了問候和致意，還是一種尊敬的表示。除雙方注視、面帶微笑外，更要注意以下幾點：

(1) 一般情況下，平輩、朋友或熟人先伸手為有禮，而對老人、長輩或貴賓時則應等對方先伸手，自己才可伸手。否則會被看作是不禮貌的表現。

(2) 握手時，身體可稍微前傾以示尊重，但也不能因對方是貴賓時就顯得膽小拘謹；不該只把手指輕輕碰觸就算結束，也不可因感到「榮幸」而久久不放。

(3) 當老人或貴賓向你伸手時，應快步上前，用雙手握住對方的手來表示尊敬，並根據場合邊握手邊打招呼問候，如說：「您好」、「歡迎您」、「見到您很榮幸」等熱情致意的話。

(4) 遇到若干人在一起時，握手、致意的順序是：先貴賓、老人，後同事、晚輩，先女後男。還必須注意，不要幾個人競相交叉握手，或在跨門檻甚至隔著門檻時握手，這些做法都很失禮。

(5) 在外交場合遇見身份高的人，應有禮貌地點頭致意或表示歡迎，但不要主動上前握手問候，只有在對方主動伸手時才可動作。

(6) 在社交中，除注意個人儀容整潔大方外，還應注意雙手的衛生，以不乾淨或者溼答答的手與人握手都是不禮貌的行為。如果老人、貴賓來到你面前並主動伸手，而你正在洗東西、擦油污之物，你可先點頭致意，同時亮出雙手，簡單地說明情況並表示歉意，以取得對方的諒解。

第二，對上級與下級之間的握手禮儀。

在上級與下級握手時，除應遵守一般握手的禮節外，還應注意以下幾個方面：

(1) 上級為了表示對下級的友好，可先伸出手，下級則應等對方有所表示後再伸手，否則將被視作不得體或無禮。

(2) 上級與下級握手，一般也應以其職位高低為序，遇有自己熟悉的下級，握手的同時也應該說些問候、鼓勵或是關心的話。

(3) 上級與下級握手同樣要熱情誠懇，面帶笑容，注視對方的眼睛，切忌用指尖相握，或敷衍了事。不可以在握手的時候東張西望或漫不經心，也不能在眾多下級面前厚此薄彼，只與其中一、兩個人握手，更不能在與下級握手後馬上擦手。上述這些表現都會被人認為是輕慢與無禮的行為。

(4) 下級與上級握手時，身體可以微彎，或快步趨前用雙手握住對方的手以示尊敬，但切不可久握不放，表示過分的熱情。

(5) 不論與上級還是下級握手，都應該做到熱情大方，遵守交往禮節。

第三，與女性握手應注意的禮儀。

與女性握手，應等對方首先伸出手，男方只要輕輕的一握即可。如果對方不願握手，也可微微欠身問好，或用點頭、說客氣話等代替握手。一個男子如果主動伸手去和女性握手，則是不太適宜的。

在握手之前，男方必須先摘下手套，女子握手則不必摘手套也不必站起。客人多時，握手不要與他人交叉，讓別人握完後再握。按照國際慣例，穿軍裝的男性可以戴著手套與婦女握手，不過握手時先行舉手禮，然後再握手。

在握手時，應微笑致意，不可目光看別處，或與第三者談話。

在握手後，不要當對方的面用手帕擦手。

與女性握手，最應掌握的是時間和力度。一般來說，握手要輕一些、短一些，不應該握著對方的手用勁搖晃，但用力過小也會使對方感到你拘謹或虛偽敷衍。因此，握手必須因時間、地點和對象而不同對待。

兩人見面，若是熟人，不用言語，兩手緊緊一握，各自的情感就傳導過去；若是生人，一握之際就是由生變熟的開端。所以握手已經成為人們在日常社交中常用的見面禮節。

4 觥籌交錯，飲酒有學問

有句話說：「人在世上走，哪能不喝酒。」談起喝酒，所有喝酒的人都有過切身體會，「酒文化」是一個既古老又新鮮的話題，在交際過程中不可或缺，甚至很多公司招聘公關人員時，會在第一關考驗酒量。

不可否認，酒作為一種交際媒介，在洽談業務、迎賓送客、朋友聚會、彼此溝通等方面發揮了獨到的作用。探索一下酒桌上的「文化」，有助於你應酬交際的成功。

（1）誰首先來舉杯祝福

男人和生意人有平等的權利（或稱為責任）舉杯祝福貴賓。主人的配偶或貴賓當然不應該被迫舉杯祝福，但經理人員（男性或生意人）在餐前或已經用過酒類卻還不曾舉杯祝福的話，則被認為是不應該的行為。有很多情況，經理的妻子可以舉杯祝福，因為她會做得比他好；總經理的丈夫也常常有機會在他太太的生意餐會上，接過太太舉杯祝福貴賓和全體職員，同樣可能因為他做得比她好得多。

曾經有一個最精彩的舉杯祝福，是在一次很乏味、令人厭煩的私人俱樂部的餐會。宴會中的氣氛低沉疲倦，似乎十分凝重。然後，在甜點開始時，主人的一位好友站起來，他手上端著一杯香檳，鄭重宣佈：「在結束今晚的聚會前，我要告訴大家一個好消息，我們老闆跟他太太共同投資的事業裡，最精良的產品在今晚上出品。她確實是最完美、無瑕、全功能、設計精良的產品：一位名叫丹丹的女嬰。」

眾人笑得喘不過氣來，站起來舉杯祝福老闆一家人。在哄笑聲中，餐會轉為熱鬧的氣氛，眾人的道賀湧向老闆，氣氛昂揚。沒有人會忘

記那個晚上，一個開始時令人乏味的晚餐，最後竟變成熱烈的餐會。

（2）個人舉杯祝福

在你舉杯祝福之前可以看看四周，確定周圍的賓客手上的酒杯裡都有酒——最好是葡萄酒或香檳之類的，但現在以水代酒也沒問題——舉杯祝福主要是表達祝福，表現機智和智慧，不在於杯裡的液體。

作為主人，你要先面對你要祝福的人發表評論，然後正視對方、舉起酒杯致敬。

若你是被祝福的對象，就不必跟別人那樣喝酒，因為你舉杯也表示你在祝福自己。你只要微笑著道謝，同時手離開酒杯即可。那是你備感榮耀的時刻。

不要搶在主人之前舉杯祝福。第一個舉杯祝福是主人的權利，換句話說，在你要發動之前，先等等看是否誰會先舉杯。如果沒有人有這個意思，你仍要先問宴會的主人：「你會介意我來一次舉杯祝福嗎？」

有九成的主人會同意你進行使晚宴與眾不同的動作。

最好的舉杯祝福為時一分鐘；主要的舉杯祝福，時間約三到五分鐘。任何超過這個時間的舉杯祝福都會失去它的效益。馬克 · 吐溫曾經說過，除非是為了自己，否則任何舉杯祝福不應該超過六十秒鐘，三十秒已經長得足以把值得說的話說完。

在你的舉杯祝福裡包括越多的人，就散佈越多的歡欣。

若你一定要敲酒杯的邊緣引起大家的注意，記得敲輕一點。因為有很多人敲得太大力而打破很多杯子，酒也灑得亂七八糟。

有人覺得在舉杯祝福時要跟每個人碰杯，那也是對酒杯的虐待。舉杯祝福不要求碰杯。

喝太多酒後不要舉杯祝福，因為此時你已經失去控制，雖然人們

不會怪你忘掉什麼或說話含糊不清，但你可能因此影響光明的前途。如果你是個好酒貪杯的人，記住在餐會開始時（以及很短的雞尾酒時間後）以主人身份舉杯祝福。若你不是主人，就讓別人享此榮耀吧。

　　如果你要在多人的環境中做歡迎的舉杯祝福，應該站起來完成，但如果餐桌很小，當然可以坐著。相對的，多數情況下做舉杯祝福並不需要起立，不過要是餐桌很大或有好幾桌，就應該站起來說話，讓每個人都能分享樂趣。

（3）回敬舉杯祝福

　　如果你是被舉杯祝福的對象，若未在主人祝福你後立刻回敬，就應該在用甜點時或之前回敬。別等到餐會結束，那時與會者已紛紛站起來準備離去。

　　你的回敬應該簡短（你可以在機智和魅力上贏過主人，不要在時間長度上和主人較量）。若是害羞，你可以只說：「謝謝你今晚你們給我們一頓美好的晚宴。」

　　最簡短的舉杯祝福最受歡迎，一句「乾杯」、「敬你」或「謝謝你」就能表達的事情，實在不需要長篇大論。當然，前二者幾乎已經變成國際常見的歡迎李傑。

　　一個好的舉杯祝福是智慧、藝術、天賦、技巧的結合，也是重要的商業工具。知道如何舉杯祝福，就是知道如何為一件事建立美好氣氛，把氣氛提升到高潮，不僅會讓被祝福的對象感到愉快，大家也都會很歡樂。

　　同理，玩弄一下酒桌上的「手腕」，也有助於事情順利。這裡應該特別注意以下幾點：

（1）眾歡同樂，切忌私語

　　大多數的酒宴賓客都比較多，應該盡量談論一些大部分人能夠參

與的話題，也不要在耳邊說悄悄話，否則容易會讓人產生被排擠的感覺，影響喝酒的效果。

（2）瞄準賓主，把握大局

大多數的酒宴都有一個主題，也就是喝酒的目的。赴宴時記得不要為了喝酒而喝酒，遺忘最初的目標，失去擴展人脈的機會，更不要讓某些嘩眾取寵的酒徒攪亂東道主的本意。

（3）語言得當，詼諧幽默

酒桌上可以顯示出一個人的才華、學識、修養和交際風度，所以應該要知道什麼能說什麼不能說。一句詼諧的話，有時會給別人留下深刻的印象，使人產生好感，所以要記得加點幽默。

（4）勸酒適度，切莫強求

有的人總喜歡把酒場當戰場，想方設法勸別人多喝幾杯，認為不喝就是不給他面子，但對酒量大的人還可以，酒量小的可就麻煩了。過分地勸酒可能會將原有的朋友感情破壞殆盡，所以凡事要懂得適可而止。

（5）敬酒有序，主次分明

敬酒也是一門學問，一般會以年齡大小、職位高低、賓主身份為序。即使與不熟悉的人在一起喝酒，也要先打聽對方身份或留意別人如何稱呼，避免尷尬或傷感情。

敬酒時一定要把握好敬酒的順序。有求於席上的某人，對他自然要加倍恭敬，但如果在場有更高身份或年長的人，就不能只對能幫你忙的人畢恭畢敬，不然會使大家都很難為情。

（6）察顏觀色，揣測人心

要想在酒桌上得到大家的讚賞，就必須學會察言觀色，左右逢源才能演好酒桌上的角色。

(7) 鋒芒漸露,穩坐泰山

酒席上要正確估價自己的實力,盡量保留酒力和說話的分寸,既不讓別人小看自己又不要過分張揚,選擇適當的機會顯露自己的鋒芒。

5 送禮送到心坎裡

即使在今天，禮尚往來也是人際交往的重要內容，在那或輕或重，或多或少的禮物中，我們既可以體味到溫馨或歡樂，但是有時也會因為方法不當、時機不對、禮品不妥而事與願違，反而又生芥蒂。

送禮給存在直接利害關係的人，怎麼個送法、什麼時候送去，這裡面大有學問。

一次，孫偉開車去看朋友，心想離開朋友家的時候再把禮物從車上拿下來，於是就兩手空空地進了朋友的家。時近中午，朋友沒有留他的意思，孫偉便起身告辭，順便說：「我買了一些東西，就放在車上，我去拿下來。」

朋友一聽，馬上說：「今天中午怎麼能走呢？留下來吃吧。」

朋友的妻子也立刻轉身去了廚房。

那次以後，孫偉再拜訪朋友，一概都先把禮物放下。

送禮要送在平時，才能真正發揮出力量。好的人際關係是求人成功的基礎，等到有事的時候才想起某某朋友可以幫上忙，往往會犯大禮不解近憂的錯誤，即使你想提上大包小包的東西，人家也未必會給你這個機會，就算讓你來，也不免會產生「你就是有事才會找我」的不滿。

有一個經理，他在退休之前，每年年底都會收到雪片般的禮物和賀卡，可是退休以後，訪客無幾、更無禮品。正在他心情寂寞的時候，以前的一位下屬帶著禮物來看他，是他在任職期間並不重視的一名員工，令他更為感動。過了兩三年，這位經理被原來的公司聘為顧問，自然提拔了這個職員。

常言說得好，「情願雪中送炭，不要錦上添花。」當你在別人處於困境當中時伸出援手，不啻於在冰雪天送炭火送食物給饑寒交迫的人，及時又必須，會使收禮人終身難忘。但如果別人什麼都不缺，那份禮物的有效價值就要大打折扣。

送禮之所以稱為藝術，關鍵在於「送」。這是禮物饋贈的最後一環，送得好會皆大歡喜，送不好會令送禮者十分尷尬，收禮的人估計心情也不會好。只有巧妙掌握送禮的技巧，才能把整個過程畫上一個漂亮的句號。

李鴻章夫人五十歲的生辰就快到了，滿朝文武大臣忙得不亦樂乎，都準備前往祝壽。消息傳到合肥知縣那裡，因為李鴻章是合肥人，又是朝中寵臣，知縣也想前去送禮。可是仔細一想，知縣又一個頭兩個大：我這七品芝麻官能送多少禮？少了等於沒送，多了又送不起。思來想去拿不定主意，知縣便請來師爺商量。

師爺說：「這事容易，一兩銀子也不用，還保你的禮品最為矚目，中堂大人也最喜歡。」

知縣聽說一兩銀子也不用了，自然高興，便問：「送什麼東西？」

師爺回答：「就是一副普通的壽聯。」

知縣聽完直搖頭，表示難以相信，師爺連忙說：「不要懷疑，送禮之後包你從此飛黃騰達。不過這壽聯必須由我來寫，你親自送上，請中堂大人過目，不能疏忽。」

知縣滿口答應。

第二天知縣帶著師爺寫好的壽聯上了路。他晝夜兼程趕到京城，等著祝壽之日，他通報姓名來到李鴻章面前，朝他一跪說：「卑職合肥知縣，受人之托，前來給夫人祝壽。」

李鴻章隨口應了一聲叫他站起來，知縣忙拿出壽聯，將上聯先打

開，李鴻章一看是：

「三月庚辰之前五十大壽」

李鴻章心想：夫人二月過生日，他寫了「三月庚辰之前」，還算聰明。正想著，知縣又「嘩啦」一聲打開了下聯，李鴻章一見，忙雙膝跪地。原來下聯寫著：

「兩宮太后以下一品夫人」

李鴻章見代指慈安、慈禧兩位太后的「兩宮」字樣，不由地跪了下來。他命家人擺香案，將此聯掛在《麻姑上壽圖》兩邊。

這副壽聯深得李鴻章的賞識，這位知縣自然也因此而官運亨通，飛黃騰達了。

一件付出大量心血、閃爍你誠心的禮品，會使人產生意外的感激之情，其效果即使是最昂貴的珠寶也無法比擬。

送禮送到心坎裡，說到底也就是對症下藥，在堅持原則的前提下投其所好，既讓對方喜歡，還能看出自己的用心，同時要選對贈送的時間，如此才能達到最好的效果。

華人重人情，很多事情只靠公事公辦反而無法完成，溝通也就成了必要環節。想要有良好的溝通就應該有所行動，而送禮就是這種行動的最佳表現，然而有的人送禮就能完成事情，有的人送禮就沒有什麼效果，可見送禮也是一門學問。

6 禮多人不怪

我們在日常生活中，常常聽到這樣的話：「油多菜不壞，禮多人不怪。」

鄰里之間的問候和交往，同事之間的互道辛苦，遲到、早退、休假時的聯繫等社會規範，乃至陌生人之間的點頭致意，終究都逃不出禮。

老王是個不善於客氣的人，又患有高度近視，十步以外看不清來人的面貌。他可以用聲音來辨識熟人的身分，不熟悉的人卻無從而知，也就容易被誤會是自大成性。為了補救缺憾，他習慣在說話時加上「請你」或「謝謝」，和人說話時不會坐在椅子上，而是站著與他面對面。這些舉動未必讓人產生好感，但至少不會產生厭惡感。

相反，還有這樣一個例子：

某甲是一家公司的董事長，當高級職員去見他時，他總是坐在那邊動也不動，不屑回你一聲某先生，甚至不關心你說什麼。有時碰到他不高興或認為你說的話不對，他就什麼話也不說，看也不看你一眼，讓人只好悻悻退出。他對高級職員如此，對其他下屬當然可想而知，就算是朋友也都愛理不理的。

當他得勢時，大家只敢在背後批評，當面還是恭維奉承，但到後來形勢逆轉，攻擊他的人就很多了。當然可能還有其他的原因影響，然而平常的態度絕對是因素之一。

《易經》說：「相鼠有體，人而無禮。人而無禮，胡不遄死？」無禮取怨於人，於己終究不利。人在社會上要多結人緣、少結人怨，而多禮便是一件必要的工具。禮是人為的，是後天的，必須要用心去

學習並養成習慣，如此便能行無所礙了。

孔子也說：「不學禮，何以立。」雖然這邊的禮不只指禮貌，但禮貌在其中依舊必不可少。

多禮還必須誠懇，否則就顯虛偽，反而更使人討厭。能誠懇才能恭敬，才是真的禮貌。

保持真正的禮貌，必然可以帶來需多好處：

好處一：可以種下善因。

與人相處的過程難免會有衝突紛爭，當禮節到了，對方礙於情面，自然不會跟你計較。

好處二：可以緩和關係。

無論和什麼人相處，都要注意禮貌，因為這對增進彼此的感情很有幫助。

好處三：可以得到人心。

想要交好一個朋友就得多下些工夫，把禮節做到位了，對方自然就會尊重你，當你遇到困難時，可以支持和鼓勵。否則，如果沒有劉備三顧茅廬請諸葛亮，他怎能成就其霸業？

日常生活裡，你一定要學習一些基本禮儀，因為學禮儀就是為了「美」，能讓個人或群體擁有美好的形象。形象是我們的立身之本，也是贏得他人瞭解、理解、支持、信任的基礎和條件。僅對個人而言，形象也是我們獲取職業成功的一件法寶。

禮多人不怪，只要人與人之間的關係處理好了，大家的心情就舒暢，就沒有辦不好的事情。

7 送禮別失禮

送禮不僅是一種禮節，也是一種社交手段，但如果送禮送得不恰當，不僅達不到聯絡感情的目的，還可能會破壞關係，所以「送禮別失禮」，一定要多加小心。

王廳長為人正直，從不接受饋贈，不是拒絕送上門的禮物，就是等價退還，所以常常讓送禮人弄得很尷尬。一位職員來他家做客，說：「廳長，您的兒子年齡和我差不多吧？他有一位您這樣健康的父親，比我幸福多了。我前幾年不知道體貼家父，等到他生了病，才⋯⋯唉。廳長您都五十幾歲了，千萬要注意身體，否則您的兒子一定會很難過的！這些補品算是晚輩對您的一點孝順，請您注意身體。」

王廳長對此很是感動，最後不僅收了禮，而且也對這個年輕的職員留下了很深的印象。

己所不欲，勿施於人，懂得送禮的技巧，才能達到大方得體的效果。

如果你送的是名產，你可以說是家人帶來的，分給朋友嘗嘗鮮，東西不多又沒花錢。這種情況通常會減緩收禮人因為無法回報而拒絕的心態，多半會收下你的禮物。

如果你送給朋友的是像酒這樣的東西，不妨直接說是別人送你兩瓶酒，要來和朋友一起喝，請他準備點菜。這樣喝一瓶送一瓶，禮也送了，關係也近了，還不露痕跡，豈不妙哉。當然，這是針對比較要好的朋友。

有時你想送禮物的人跟你有些摩擦，不方便直接送，你不妨選擇收禮者的生日或什麼節日，邀請幾位熟人一起過去，那收禮者就不會

拒絕了。當事後知道這個想法是你出的的時候,對方可能還會改變對你的看法,使關係和好如初。

假如你是給家庭困難者送錢,有時對方的自尊心很強,通常不會接受。你若送的是物,不妨說,這東西在我自己家放著也是放著,讓他拿去先用,日後買了再還。收禮者會覺得你不是在施捨,日後又會還,會樂意接受的。這樣你送禮的目的也達到了。

在某些情況下,人情也是一種禮物,例如你能為身邊的人透過某些關係買到批發價的東西,他們在拿到商品的同時,已經將人情當做禮物收下,日後有機會自然會償還。收禮人因為付錢而心安理得,送禮人也沒有花上半毛錢就獲得了跟送禮物一樣的效果,不失為一種送禮的妙招。

饋贈禮物是人與人之間有效的交流方式,但也只有用心思考該怎麼送禮,才會真正有效。

第三章
靈活處世，累積人脈資本

　　二十世紀最偉大的人際關係大師戴爾‧卡內基（Dale Carnegie）曾說：「一個人事業上的成功，只有百分之十五是由於他的技術，另外的百分之八十五主要靠人際關係和處事技巧。」作為社會中的一員，單槍匹馬的時代已經過去，人際關係才是成就大事的萬能鑰匙。

1 好好包裝你的舌頭

商品要有新穎的包裝才會吸引顧客，人們要有漂亮的衣服才能顯現出氣質與魅力，而說話也要像商品和衣服一樣，需要經過優美的包裝才能讓人接受和信服。這就是包裝的力量。

（1）難以啟齒的話，要用機智與笑話包裝起來

每個人在日常生活中，都會遇到必須講一些難以啟齒的話的時候，要是直接說出「實在很傷腦筋」或「很麻煩」之類的話，很可能會引起對方的反感或不愉快，但要是把想說的話用機智與笑話來傳達，對方就容易一笑置之，既不傷害到人，說話人心裡也不會有很重的負擔。

紀曉嵐是眾所周知的機智才子，也是個絕佳的溝通高手，從小就有了不起的語言才能。有一次，他和幾個孩子在路邊玩球，一不小心把球丟進了一個轎子裡。

大家匆匆忙忙地跑過去一看，這可不得了，轎子裡坐的竟然是縣太爺，而且皮球還不偏不倚地擊中了他的烏紗帽！

「是誰家的孩子膽敢在這裡撒野？」縣太爺怒斥道。

孩子們嚇得一哄而散，唯獨紀曉嵐挺著胸膛，走上前想把球拿回來。他恭敬地對縣太爺說：「大人政績卓越，百姓生活安樂，所以小輩才能在這裡玩球。」

縣太爺一聽，氣馬上消了一半，他笑著說：「真是個小鬼靈精！這樣吧，我出個上聯給你對，要是你對得上，我就把球還給你。」

縣太爺環顧了一下四周，出了道題目：「童子六七人，唯汝狡！」

紀曉嵐眼睛一轉，說出了下聯：「大斧二千石，獨公……」

「獨公什麼？趕快說啊！」

「大人，如果您把我的球還給我就是『獨公廉』，要不然就是『獨公』……」紀曉嵐故意支支吾吾地不說下去。

縣太爺看到這種情形，不由得哈哈大笑，他一邊把皮球還給紀曉嵐一邊笑罵道：「好小子，真有你的！我才不要中了你的圈套，成了『獨公貪』咧！」

(2) 警告別人時不要指出缺點，而要強調如果糾正過來會更好

有位足球教練在糾正球員時，不說「不行」或「不對」，而是說「大致上不錯，但如果糾正一下……結果會更好。」他並非否定球員，而是加以肯定後再修正，也就是說先滿足對方的自尊心，然後再把目標提高。如果只是糾正、警告的話，可能會引起球員反感，造成負面結果。

(3) 在傳達壞消息時，要附加一句「令人無法相信」

在傳達壞消息時，心情總是沉重的，這時候就需要一些思考。

一位老師對成績退步的學生說：「我真不敢相信，你竟然考這種成績？」

這種直白說話方式極有可能會戳傷學生的自尊心，甚至讓下次的成績更不樂觀，但如果老師換一種表達方法，也許就會有鼓勵的作用。

(4) 不小心提到對方的缺點時，要加上讚美的話

想必每個人都曾有過不小心說話傷到對方或對對方不禮貌的時候。話一旦說出來就無法收回，現場氣氛極有可能會因為一句失言而變差；旁人通常會試圖緩解，但這並不是個好方法，因為對方容易會認為你心裡這麼想才會出言不遜。這種時候就不要去否定剛才說出來的話，而是要盡量沉著、若無其事地繼續說道：「但你也有什麼優點，所以才讓缺點更顯得有人性。」

(5) 假借第三者傳達對對方的批評，可以一石二鳥

拒絕白目溝通
簡單複製成功

　　某企業的經理說，他的公司有幾位兼職的女職員言談很不高雅，甚至對上司不太尊重。有一天，他告訴一個已經任職兩三年的女職員說：「最近的年輕人說話有點隨便，請妳代我轉告一下好嗎？」

　　出乎經理意料的是，那幾個兼職的女職員談吐確實多少有所改善，不過負責轉告的女職員卻最為小心翼翼，恐怕是「最近的年輕人」這個代稱讓那個女職員覺得自己也包括在內。

　　由此可知，假借「第三者」的名義不要直接批評，對方基本上會虛心接受，而不是產生太大的反感，但這種方法也要掌握分寸，否則讓人覺得「指桑罵槐」就不好了。

　　雖然說「良藥苦口利於病，忠言逆耳利於行」，但在現實中，真正樂於聽取逆耳忠言的人卻寥寥無幾。在人情關係學中要注意尊重他人，即使是指責批評也要加以包裝和修飾，這樣對方才能容易接受，也不會傷害彼此關係。

　　舌頭是一把雙刃劍，它可以讓我們成功，也可以讓我們失敗。所以，好好包裝一下，把話說好，在生活中就無形多了一種資本。

2 左右逢源巧辦事

決定人生成敗的重要因素就是人際關係的好壞。雖然人的心理很難規範統一，但仍是存在共同之處，因此為人處世也要掌握一定的手腕。能夠洞悉人情世故奧妙之處的人，便是在辦事時能夠左右逢源的人。

《紅樓夢》裡最會辦事的，自然要數左右逢源、八面玲瓏的鳳姐了。一天，邢夫人把鳳姐找來，悄悄對鳳姐兒道：「叫你來不為別的，老爺因看上了老太太屋裡的鴛鴦，要她在房裡，叫我和老太太討去。我怕老太太不給，你可有法子辦這件事麼？」

鳳姐兒聽了，忙賠笑道：「依我說，就別碰這個釘子去。老太太離了鴛鴦，連飯也吃不下去哪裡就捨得了？太太別惱，我是不敢去的。明放著不中用，而且反招出沒意思來。老爺如今上了年紀，行事不免有點兒背晦，太太勸勸才是。」

邢夫人冷笑道：「大家子三房四妾的也多，偏咱們就使不得？我勸了也未必依。就是老太太心愛的丫頭，這麼鬍子蒼白又做了官的一個大兒子，要了做屋裡人，也未必好駁回的。我叫了你來，不過商議商議，你先派了一篇的不是。也有叫你去的理？自然是我說去。你倒說我去勸，你還是不知老爺那性子的，勸不成，先和我鬧起來了。」

鳳姐兒知道邢夫人稟性愚弱，只知奉承賈赦以自保，次則婪取財貨為自得，家裡一應大小事務，全由賈赦擺佈。兒女奴僕，一人不靠，一言不聽。如今又聽邢夫人如此的話，便知她又弄左性子，勸也不中用了，連忙賠笑說道：「太太這話說的極是，我能知道什麼輕重？想來父母跟前，別說一個丫頭，就是那麼大的一個活寶貝，不給老爺給

拒絕白目溝通
簡單複製成功

誰？依我說，要討今兒就討去。我先過去哄著老太太，等太太過去了，我搭訕著走開，屋子裡的人我也帶開，太太好好和老太太說。給了更好，不給也沒妨礙，眾人也不知道。」

邢夫人見她這般說，便又喜歡起來，又告訴她道：「我的主意先不和老太太說，老太太要說不給，這事便死了。我心裡想著先悄悄的和鴛鴦說，她要是害臊不言語，就妥了。那時再和老太太說，老太太雖不依，攔不住她願意，常言『人去不中留』，自然這就妥了。」

鳳姐兒笑道：「到底是太太有智謀，這事千妥萬妥，別說是鴛鴦，憑她是誰，哪一個不想巴高望上、不想出頭的？」

邢夫人笑道：「正是這個話了，你先過去，別露一點風聲，我吃了晚飯就過來。」

鳳姐兒暗想：「鴛鴦素昔是個極有心胸氣性的丫頭，雖如此說，保不嚴她願意不願意。我先過去了，太太後過去，她要依了便沒的話說；倘或不依，太太是多疑的人，只怕疑我走了風聲，叫她拿腔作勢的。那時太太又見應了我的話，羞惱變成怒，拿我出起氣來，倒沒意思。不如同著一齊過去了，她依也罷，不依也罷，就疑不到我身上了。」

想畢，因笑道：「才我臨來，舅母那邊送了兩籠子鵪鶉，我吩咐他們炸了，原要趕太太晚飯上送過來。我才進大門時，見小子們抬車，說太太的車拔了縫，拿去收拾去了。不如這會子坐了我的車，一齊過去倒好。」

邢夫人聽了，便命人來換衣裳。鳳姐忙著服侍了一會兒，娘兒兩個坐車過來。

鳳姐兒又說道：「太太過老太太那裡去，我若跟了去，老太太若問起我過來做什麼，那倒不好；不如太太先去，我脫了衣裳再來。」

邢夫人聽了有理，便自往賈母處。

鳳姐左右逢源、見機行事之術可見一斑。若有好事她一定跑第一，但要是沒好處可以拿，她又跑得比誰還要快，踢皮球的能力高明得很。

那如何才能做到左右逢源呢？需要從以下六個方面入手：

(1) 方與圓：方是做人的脊梁，圓是處世錦囊。過分的方，剛愎自用，鋒芒畢露，有勇無謀；過分的圓，唯唯諾諾，毫無主見，縮手縮腳。如何把握？只有靠個人的才智與感悟。聰明與愚蠢之分，也正在於此。

(2) 剛與柔：過柔則靡，太剛易折。該剛則剛，該柔則柔；人剛我柔，人柔我剛；人柔我亦柔，人剛我更剛。運用自如，遊刃有餘，到底誰能笑到最後，還用說嗎？

(3) 表與裡：為人應表裡如一，察人須由表及裡。做人要表裡如一，做人要講藝術。表裡如一是藝術，表裡不如一也是藝術。揣摩它，奧妙無窮，樂趣無窮。

(4) 禮與兵：禮使人雅，兵使人威。遇到事情究竟是先兵後禮，還是先禮後兵，兵禮兼用時如何把握彼此的「度」，這些，都是我們在為人處世時需要慢慢揣摩和體會。

(5) 忍與抗：忍得難忍之事者，抗則無往不勝。忍耐是人最基本的生存智慧。忍一時風平浪靜，退一步海闊天空。人，就應該在忍耐中生活，在生活中忍耐。有時候忍耐住剛強直率的性格與對手周旋，是抗的良策。相反以硬碰硬，會讓自己吃大虧的。

(6) 從與違：舍己從人無違緣。探討這個話題，至少應該弄明白三點：你該從什麼？你該違什麼？怎樣讓別人從你。

人們都只知海闊憑魚躍，天高任鳥飛，卻不知海不闊天不高之說。在現實生活中，客觀環境往往就不允許你躍，不允許你飛，所以要學

拒絕白目溝通
簡單複製成功

會做到左右逢源，這樣才能累積人脈。

3 投資感情，收穫人情

「感情投資」是人際交往的有效手段之一，只要有足夠的投資就一定能獲得豐厚的回報。

一個人可以有好幾種投資，對於事業的投資，是買股票；對於人緣的投資，是買忠心。買股票所得的資產有限，買忠心所得的資產無限。

真正頭腦靈活的人，是在自己能力範圍之內盡量「給予」，收到這種看似不求回報的好意的人，只要稍微有心就絕不會毫無反應，他會在能力所及的情形下與你合作。透過此種交流，彼此關係自能越來越親密，終至成為對你很有幫助的人。

處世高手都善於感情投資，因為投入一分人情，別人會以雙倍利息的人情送還。人生什麼錢債都可以還清，但人情債是永遠還不清的。投資感情，收穫人情，一生何處不逢春。

齊國孟嘗君、趙國平原君、魏國信陵君和楚國春申君並稱為戰國四公子。據記載，這四個人的門客有時多達三千人，只要有一技之長即可投到門下，他們一視同仁，不分貴賤。他們以養士著名，在一定程度上保全了國家。要養士就要有大度的性格、容人的雅量，不然則會所養非士，而在這一方面，孟嘗君容人、容才的度量就不是一般人能學得到的。

孟嘗君的一個門人與孟嘗君的夫人私通，有人看不下去，就把這事告訴了孟嘗君：「作為您的手下親信，背地裡卻與您的夫人私通，這太不夠義氣了，請您把他殺掉。」

孟嘗君說：「看到相貌漂亮的就相互喜歡，是人之常情。這事先

放在一邊，不要說了。」

　　一年之後，孟嘗君召見了那個與他夫人私通的人，對他說：「你在我這個地方已經很久了，大官沒得到，小官你又不想幹，衛國的君主與我是好朋友，我給你準備了車馬、皮裘和衣帛，希望你帶著這些禮物去衛國，為衛國國君效勞吧。」

　　結果，這個人到了衛國受到重用。

　　古語曰：殺父之仇，奪妻之恨，不共戴天。孟嘗君卻能容忍偷妻者，其度量可謂大矣！可是，物有所施，亦有所報。

　　後來齊國、衛國的關係惡化，衛君很想聯合天下諸侯一起進攻齊國，那個與孟嘗君夫人私通的人對衛君說：「我聽說齊、衛兩國的先王曾殺馬宰羊，進行盟誓說：『齊、衛兩國的後代，不要相互攻打，如有相互攻打者，其命運就和牛羊一樣。』如果您聯合諸侯之兵進攻齊國，就違背了先王的盟約，成為背信忘義之人，希望您能夠放棄。您如果聽從我的勸告就罷了，如果不聽我的勸告，就算像我這樣沒出息的人，也應該要用熱血灑濺您的衣襟。」

　　衛君在他的說服和威脅下，最終沒有進攻齊國。

　　如果當初孟嘗君聽信別人的話把那個與夫人私通的人殺了，又有誰能站出來阻止衛國對齊國的進攻呢？如果不是孟嘗君，這個人又怎麼會不惜以生命為代價來勸阻這場戰爭呢？

　　要把人情做到足、好人做到底，你就要想他人之所想，急他人之所急，在對方最困難、最需要幫助的時候盡全力幫忙，才能讓對方記掛你一輩子。

　　人情是維繫群體的最佳手腕和人際交往的主要工具，只有懂人情味的人，才能獲得「人情效應」這個微妙的關係。以情感促進生意，突破他們的心理防線，一旦在企業、產品、推銷員和顧客之間建立起

情感的聯繫，購買行為就會隨之發生，甚至持續發生。

拉第埃走馬上任後，遇到的第一個棘手問題是和印度航空公司的一筆交易。由於這筆生意未被印度政府批准，極有可能會落空。在這種情況下，拉第埃匆忙趕到新德里去與談判對手印航主席拉爾少將見面。在拉爾接見時，拉第埃對他說：「因為您，我才有機會在我生日這一天又回到了我的出生地。」

接著他介紹了自己的身世，說他於一九二四年三月四日生於加爾各答。拉爾聽後深受感動，邀請他共進午餐。拉第埃見此情形，又從公事包中取出一張相片呈給拉爾，並問：「少將先生，您看這照片上的人是誰？」

「這不是甘地嗎？」拉爾回答。

「請您再看看旁邊的小孩是誰？」拉第埃不等回應，又自顧自地回答：「就是我本人呀，那時我才三歲半，隨父母離開印度去歐洲途中，有幸和甘地乘坐同一條船。」

拉第埃說完這些話，拉爾已經開始動搖。當然，這筆生意也因此成交了。

拉第埃的這一招，正應中國古代兵法所謂「攻心為上」。他的第一句話巧妙地讚美了對方，又激發了對方聽下去的興趣，接著由自己生平的介紹解除對方「反推銷」的警惕和抵抗，拉近雙方的距離，最後用甘地的照片徹底打動了對方，由此產生感情共鳴，而這種共鳴發生的時候，正是成交的時機。可以說，拉第埃的這次生意是情感推銷的完美範例。

人情如同人際關係中的「鹽」，少了它，一切都會淡然無味。一個想成大事的人，應該懂得把人情生意做得恰到好處。

4 見什麼人說什麼

　　古人云：「言為心聲。」說話的好壞取決於說話者的水準、文化與道德情操，但講究語言的藝術也十分重要。同一種思想從不同的人嘴裡說出來，往往會收到不同的效果。

　　良好的談吐可以助人成功。日常生活中，我們身邊的人總是各式各樣的，有的口若懸河，有的期期艾艾、不知所云，有的談吐雋永，有的語言乾癟、意興闌珊，有的唇槍舌劍⋯⋯人們的口才能力有高低之分，說話的效果也是天差地別。因此，要想在說話上成為高手，達到「到什麼山上唱什麼歌，見什麼人說什麼話」的境界，就必須要把握其中的小細節。

　　在為人處世中，說話足以左右人的意志，最高明的人就是能夠遇什麼人說什麼話。

　　古語云：「凡事預則立，不預則廢。」所以說話前必須仔細地考慮：你要對誰講，將要講什麼，為什麼要講這些內容，怎麼講，有什麼有利因素和不利因素，怎樣處理等。如果瞭解了以下八種類型的人，就會明白該怎樣與他們相處來發展人脈。

（1）面對死板的人

　　這種類型的人，就算你很客氣地和他打招呼、聊家常，他也不會做出積極的反應。他通常不會注意你在說些什麼，甚至會讓人懷疑他有沒有聽進去，所以和這種人交際，一開始多多少少會感覺不安，但這也實在是沒辦法的事。遇到這樣的情況，你就要花些時間仔細觀察，從他的言行中找出他真正關心的事。你不妨隨便和他閒聊，只要能夠使他回答或產生一些反應，那事情就好辦了。

找到對方感興趣的事情，你就要好好利用此，讓他充分表達自己的意見。

每個人都有令他感興趣、關心的事，只要你稍稍觸及就會讓他滔滔不絕地說下去，此乃人之常情，必須好好利用。

（2）面對傲慢無禮的人

有些人自視清高、目中無人，時常表現出一副「唯我獨尊」的樣子，是最不受歡迎的典型。但當你不得不和他接觸時，你要如何對付他？

對付這一類型的人，說話應該簡潔有力才行，最好少跟他囉嗦，因為多說無益。你要小心不要掉進他的圈套，不要認為對方客氣就禮尚往來，畢竟他多半缺乏誠意。你最好在不得罪對方的情況下，言詞盡可能地「簡單省略」，快速結束交流後趕快閃人。

（3）面對沉默寡言的人

和不愛開口的人交涉事情是件非常吃力的事。因為對方太過沉默，你就沒辦法瞭解他的想法，更無從得知他對你是否友好。面對這一種人，你最好採取直截了當的方式，讓他表示「是」或「不是」、「可以」或「不行」，以避免迂迴的談話。

你不妨直接地問：「對於 A 和 B 兩種辦法，你認為哪種較好？是不是 A 方法好一點呢？」

（4）面對深藏不露的人

雙方進行交涉，目的是在瞭解彼此情況，以便任務圓滿達成，因此要經常挖空心思去窺探對方的情報，但總有些人深藏不露，不肯輕易讓人理解自己的想法，有時甚至談到正題就「顧左右而言他」。

當你遇到這麼一個深藏不露的人時，你只能把預先準備好了的資料拿給他看，讓他根據你所提供的資料，作出最後決斷。

人們多半不願暴露自己的弱點，即使在你要求他供出答案或提出判斷時，他也故意裝作不懂，或者故意言不及義地閃爍其詞，使你有一種「高深莫測」的感覺。其實這只是對方偽裝自己的手段罷了。

（5）面對草率決斷的人

這種類型的人，乍看之下好像反應很快，但其實只是因為太過急躁，草率地就下決定。

像這樣的人經常會「錯誤地理解別人的意思」，也就是容易因為反應太快而對事物產生錯覺和誤解，例如沒有耐心聽完別人的談話，往往「斷章取義」，自以為是地作出決斷。因為如此，就算交涉可以迅速結束，但草率作出的決定多半會留下後遺症，招致意料不到的枝節發生。

倘若你遇到上述這種人，最好把談話分成幾段，說完一段之後馬上徵求他的同意，沒問題了再繼續進行下去，總之你要瞻前還要顧後，如此才不致發生錯誤，也可免除不必要的麻煩。

（6）面對冥頑不化的人

頑強固執的人是最難應付，因為無論你說什麼，他都聽不進去。跟這種頑固分子交手是最累人且又浪費時間，因此要記得「適可而止」，否則談得越多、越久就越不高興。

對付這種人，不妨抱持「早散」、「早脫身」的想法，隨便敷衍幾句，不必耗時自討沒趣。

（7）面對行動遲緩的人

對於行動比較緩慢的人最需要耐心，絕對不能著急，因為他的步調無法跟上你的進度，換句話說，他很難達到你的預定計劃，所以你必須反過來配合他的情況去做。

此外，有些人言行並不一致，他可能話語明快、果斷，只是行動

不相符罷了。

（8）面對自私自利的人

這世上自私自利的人為數不少，走到哪裡都有。這種人心中只有自己，凡事都將自己的利益擺在前面，要他做出於己無利的事是絕對不可能的。

當我們不得不與這些人接觸時，必須忍住自己的厭惡，姑且順水推舟、投其所好。當他發現自己所強調的利益被肯定了的時候，自然會表示滿意，交涉也就會很快便成功了。

「見人說人話，見鬼說鬼話。」這句話就是告訴我們，談話時要盡量使用對方認同的語言，談論對方熟悉和關心的話題，並且視當下情況靈活應變，以便迎合對方心理的同時贏得對方的好感，進一步得到想要的東西，而這也是成就大事的一種技巧。

5 善意的謊言總有存在的價值

莎士比亞曾說過：「諂媚是煽動罪惡之鞭。」

也許大家都認為說謊是種無法容忍的行為，但人與人之間的相處，偶爾還是需要些善意的謊言的。有一個殘酷得近乎美麗的故事：

一個原本很幸福的家庭：丈夫、妻子和活潑可愛的兒子。有天，這位父親帶孩子出去玩，抓到一隻大蝴蝶，孩子問，蝴蝶是什麼變的？這位父親回答說：「是人變的，人死後就會變成一隻美麗的蝴蝶。」

不久，這位父親有了外遇，為此與母親離婚。這位父親與小三生活了一段時間，她卻始終沒有懷孕，這位父親越來越失望，也越來越思念兒子。後來，這位父親找到前妻和兒子的新家，但兒子已經不記得他了。相對無言之際，他在兒子的桌上見到了一隻大蝴蝶。父親連忙問兒子，為什麼會有一隻大蝴蝶。兒子回答說：「是爸爸變的。」

很顯然地，是媽媽告訴兒子爸爸已經死了。這個謊言是殘酷的，也是美麗的。雖然失去父親會對兒子的內心造成傷害，但至少他還能有所寄託，也就是那隻漂亮的蝴蝶，但要是直接告訴兒子：「爸爸拋下我們不管了，他跟另一個女人走了！」那在孩子心中除了殘酷還有什麼？所以，離異後守著孩子的一方總是告訴孩子爸爸（媽媽）出遠門了，要很長很長時間才能回來（等你乖乖地長大就回來了），這樣的謊言實在是不能不說啊！

當環境和場合需要我們說一些善意的謊言時，我們不免還是要說謊的必要。

有這樣一篇戰地小說，反映的是一群血氣方剛的戰士的戰鬥生活故事：

　　站在戰鬥前線，這群戰士對未來的生活充滿了嚮往，有的希望戰鬥早日結束，回家與年邁的父母團聚；有的希望將來解甲後能儘快的發家致富；有的盼望著早日見到心愛的人。

　　其中有一位戰士，他從未戀愛過。

　　他在一次激烈的戰鬥中身負重傷，並由一個漂亮的女醫生負責包紮護理，因此對她產生一種莫名的愛慕。他不知道這是不是愛情，但他心裡偷偷地想，也許她就是自己將來的妻子。他把這種美麗的嚮往埋藏在心底，而後又一次身受重傷，在戰火中被打中了致命處，生命垂危。

　　在他即將咽下最後一口氣的時候，女醫生對上他茫然的目光，問他有沒有什麼心願。

　　戰士回答：「我愛你，妳能不能讓我吻一下？」

　　女醫生完全沒想到他會有這樣的請求。她明白一個吻意味著什麼，而一個少女對少男的吻又意味著什麼，但她仍是對這個只有一面之緣的戰士露出微笑，告訴他她也愛她，然後低頭給了他一個吻。

　　當她的嘴唇吻到他的嘴唇時，他也永遠地閉上了眼睛。

　　然而，縱使善意的謊言有存在的必要，能減輕不幸者的精神痛苦，說謊時仍然必須掌握以下三大原則：

第一，真實。

　　謊言是無法真實時的一種真實。當人無法表露自己的真實意圖時，就選擇一種模糊不清的語言來表達。例如一位女孩穿著新買的衣服問朋友是否漂亮，但朋友覺得實在難看時，就可以模糊作假，例如回答「還好」。「還好」是什麼概念，是不太好或是還可以？難以界定，但這就是謊言中的真實，區別違心而發的奉承和諂媚。

第二，合情合理。

　　合情合理是謊言得以存在的重要前提。許多謊言明顯與事實不符，但因為它合乎情理，因而也同樣能體現人們的美好。經常有這樣的問題：妻子患了不治之症不久即將死去，丈夫為之極感頹喪。他應該讓妻子知道病情嗎？大多數專家認為：丈夫不應該把事情的真相告訴她，也不應該向她流露痛苦的表情，以增加她的負擔，應該使妻子在生命的最後一刻盡可能快樂。當一位丈夫忍受著即將到來的永別時，他那與實情不符的安慰反而會帶給人們更大的震撼和感動。

　　第三，必須。

　　許多謊言非說不可。這種必須有時候是出於禮儀，有時候是為了擺脫令人不快的處境。無論什麼情況，其背後的概念都在於，這時候的謊言才能讓事情的結果變得圓滿。

　　善意的謊言是以維護他人利益為目的和出發點的，是一種處世的方式，也是替人著想的體貼。謊言就像生活的潤滑劑，在適當的時候說出來的白色謊言包含真誠和甜蜜，能讓說謊者與被騙者共用歡快。

　　善意的謊言與懷有不可告人的目的而編造的謊言相比，存在本質的不同。那種心術不正、詐騙、奸佞、誣陷的人遲早會搬起石頭砸自己的腳，而善意的謊言則會添加人性魅力，使人們更愛他、敬他。

6 給別人面子自己就有面子

人人都需要面子，也最怕失去面子。俗話說「人要臉，樹要皮」，面子是做人尊嚴的一種外部表現，任何人都沒有權利去貶低他人的自尊，所以保住他人的面子，在某些情況下是非常重要的，甚至必須想辦法幫人架梯子，給難堪的人一個台階下。

然而「面子」到底是什麼呢？很簡單，說穿了也就是尊嚴。誰都希望自己在別人面前是有尊嚴的，是被人重視、被人尊重的。我們在與人交往時，不僅要為自己爭取面子，也別忘了給別人留些尊嚴。

你給對方留面子，他也同樣會給你面子。所以說，要想自己有面子，就要給他人留面子。

在一家著名的高級飯店，一位客人吃完最後一道菜，順手就把精美的象牙筷子悄悄地插進自己西裝內側的口袋裡，恰巧這一幕被服務生看到了。她不動聲色地迎上前去，雙手捧著一隻裝有精美象牙筷子的盒子，對那位客人說：「先生，我發現你在用餐的時候對本店的筷子愛不釋手，非常感謝你的賞識。為了表達我們的感激之情，經請示餐廳主管批准，授權我代表飯店，將這雙經過消毒的精美的象牙筷子送給你，並按照飯店的『優惠價格』記在你的帳上，你看好嗎？」

這位客人自然聽出了服務生的弦外之音，在表示了一番謝意後，說自己多喝了兩杯，不小心將飯店的筷子插入了口袋。然後，客人借此下「台階」，說：「既然這種筷子沒有消毒就不好用，那我就『以舊換新』吧。」

說完，取出內衣口袋裡的筷子，恭恭敬敬地放回餐桌上。

在服務生的機智之下，不僅沒有造成店內損失，也讓客人撿回面

子，雙贏的同時或許同時建立了口碑以及培養了一個忠實顧客，一舉數得。

　　人都愛面子，你給別人面子就相當於承認別人比自己尊貴，他一旦領了情，日後一定會對你做出相應的回報，可以說是人際交往中不可或缺的互惠。相反的，蔑視的眼神、不滿的腔調或不耐煩的手勢都有可能造成極為不利的後果，而像是「你等著看到底誰對誰錯」這樣的話更是大大的挑釁，在你還沒開始證明對方的錯誤之前，他已經準備要與你一爭高下，因為他覺得自己很沒有面子。但我們為什麼要給自己增加困難呢？

　　實際上，面子問題是很微妙的，只能意會不能言傳，但有兩點值得注意：

（1）不要做有傷別人面子的事情

　　比如，不要當面羞辱人，尤其不要人身攻擊或揭露別人的錯誤，不要意氣用事羞辱別人，輸贏場合不要贏太多，不要搶別人的風頭、功勞和機會……總之，要時刻想著對方，尊重對方，不管對方是大人物還是小人物，如此就可以避免你的人際關係出現問題。

（2）主動做面子給對方

　　例如替對方在別人面前說好話，主動祝賀對方值得高興的事，適度地吹捧對方，圓滿及時地化解尷尬……如果能替對方著想，並實際做一些讓對方更有面子的事，就能幫助你建立良好的人際關係，讓你受人尊重，累積更多人脈。

7 晴天留人情，雨天好借傘

未雨綢繆是指人要在下雨之前就做好防雨的準備，這樣的道理同樣適用於人際交往。只有平時多幫助別人、多留人情，才能在困境、災難的「大雨」中借到一把「傘」安然度過。

俗話說，「在家靠父母，出門靠朋友。」多一個朋友多一條路，人情就是財富。人際關係的基本的目的就是結人情；要像愛好金錢一樣喜歡結人情，方能左右逢源。求人幫忙是被動的，可如果別人欠了你的人情，請求協助自然很容易，有時甚至不用自己開口。能夠到達這樣的境界，多半與善於結交朋友、樂善好施有關。

所謂「投之以木瓜，報之以桃李」，當朋友有困難或是因為某些特殊情況而暫不得勢時，我們不要過度的功利心去交往，應該以平和的心去面對，也許獲得的就不僅僅是友誼。

一個人失勢時經常會遭到眾人的漠視，原來與他交往密切的人都離他而去，如果此時的你伸出援手，他就會心存感激，銘記一輩子。對失勢的人說一句暖心的話，就像對一個將倒的人輕輕扶一把，可以讓他得到支持和寬慰。

做人要有長遠的目光，要在自己有能力的時候多幫助他人，才能在自己遭遇苦難之「雨」時輕易的借到「傘」度過難關。

不過，儲備人情的方法並沒有一定的方法。

對於一個身陷困境的窮人而言，一枚銅板可能會讓他暫時度過飢餓和困苦，甚至幫助他闖出自己的天下。

對於一個執迷不悟的浪子來說，一次促膝交心可能會使他建立做人的尊嚴和自信，或許在懸崖前勒馬後改過自新。

拒絕白目溝通
簡單複製成功

　　在平和的日子裡對一個正直的舉動送去一縷可信的眼神，可能會帶給正義感更大的動力。

　　對一種新穎的見解報以贊同的掌聲，可能就是對創新的巨大支持。

　　對一個陌生人隨意的一次幫助，可能會讓那個陌生人願意在別人遇到困難時同樣伸手。

　　人在旅途既需要別人的幫助，又需要幫助別人。從這個意義上說，人就是積善，而這種積善也可以說是存儲人情。

　　不要小看對失意的人說一句暖心的話，對即將倒下的人輕輕扶一把，對無望的人賦予真摯的信任，這些小小的動作能帶來怎樣的效果。也許自己什麼都沒失去，但對需要幫助的人來說也許就是救贖，而他們振作之後，也許在某個時候就可以再拉你一把。

　　相反，不肯幫助別人、總是太看重自己的得失，這樣的人往往會將別人的困難當成自己得意的資本，將別人的求救當作自己的笑料，對痛苦無動於衷。他不會在路見不平時拔刀相助，就算見死不救也會有十足的理由，不僅無情還很可憐——因為他的心只容得下一個可憐的自己。這樣的人正他一步步堵死自己所有可能的路，同時也在拒絕所有可能的幫助。

　　人情就像銀行裡的存款，存得越多利息越多，要想獲利就得及時儲備，才不至於「情到用時方恨少」！

8 讓「不」做自己的保鏢

不管我們有多大的能力，都不可能事事都答應別人，只是拒絕也要講究藝術。不會說「不」是傻子，說不好「不」也是欠精明。

人際交往中，說「不」是一個非常重要的環節。學會說「不」可以減少許多心理壓力，可以爭取主動地位，既能感受到情感的溫暖，又能呼吸到獨立的空氣，讓生活變得輕鬆。

說到這裡，也許有人會問：在什麼情況下可以拒絕別人？應該怎樣拒絕他人呢？怎樣做才能使自己不做違心的事，而又不影響友誼？

這些問題的確是人際交往中的關鍵，也是拒絕藝術之所在。

一般來說，在遇到違背自己的原則、不符合自己的喜好、損害了自己的人格、助長虛榮心或從事違法犯罪的行為等情況的時候，就需要我們去拒絕他人的要求。

有些人在拒絕別人時容易產生一些心理障礙，常常必須做一些不願意做的事，活得很累又沒有自我，就算後悔也因為難於拒絕或是不會拒絕而陷入迴圈。這正是學會拒絕的重要之處。一旦學會該怎麼拒絕別人，處理問題時就能把握好分寸，在幽默的氣氛中使自己和他人不至於陷入兩難，在社會游刃有餘。

我們知道，明朝開國皇帝朱元璋是個殺人不眨眼的天子，天下百姓都非常怕他。

一次，著名畫家周玄素奉朱元璋之命入宮，在宮殿牆壁上描繪明朝的江山地理圖。周玄素不知道皇帝的葫蘆裡賣什麼藥，擔心做不好反而掉腦袋，思慮再三，他伏地請命：「臣不曾遍走天下九州，孤陋寡聞，未敢受此命。奉請皇上先給出個草圖，待臣再依此描繪潤色，

拒絕白目溝通

簡單複製成功

不知皇上意下如何？」

可想而知的是，如果周玄素拒絕不當，下場自然不忍直視，但正是因為周玄素瞭解朱元璋，他這樣做，既保住自己的腦袋，又維護了皇帝的自尊，同時顯示了自己的謙恭和才華，屬於一舉多得的拒絕手法。

由此可知，拒絕是藝術也是學問。

人在社會上奮鬥就離不開和人打交道的必要，正因為如此，你更要懂得拒絕，畢竟你不能保證別人不會在有意無意之中害了你。當對方邀請你做一件事情或送你一樣禮物的時候，你在答覆之前要先確定你對這個人是否瞭解，要考慮人家為什麼邀請你或送你，特別是手中掌握一定權力的人更要多問幾個為什麼，因為天下沒有免費的午餐。

學會拒絕不是要我們去刻意地拒別人於千里之外，而是為了更好地保護自己，畢竟不是任何場合、任何禮物、每個人都能接受，我們的職責在很多時候驅使我們要克制自己。試想一下，如果貪官們一開始就懂得拒絕，就不至於走向深淵。正因為他們沒有約束自己，沒有起碼的做人做事的準則，更沒有想過拒絕，所以他們成為社會的反面教材，最終誤己一生。

拒絕需要勇氣與膽識，更必須對自己有所約束，思想上必須有一道防線；放縱自己的人永遠都學不會拒絕。其實在很多時候，適時的拒絕會贏得別人對你的敬佩。

為了在社交活動中學會巧妙地拒絕，可以採取如下方法：

1. 不要立刻就拒絕：立刻拒絕會讓人覺得你很冷漠無情，甚至覺得你對他有成見。

2. 不要在盛怒下拒絕：這種情況容易在語言上造成傷害，讓人覺得你沒有同情心。

3. 不要輕易地拒絕：輕易地拒絕別人，容易失去許多幫助你獲得優異成果的機會。

4. 不要隨便地拒絕：過於隨便的拒絕，會別人覺得你並不重視他，容易引起反感。

5. 不要無情地拒絕：這是指表情冷漠、語氣嚴峻、毫無通融餘地，會令人很難堪甚至反目成仇。

6. 要面帶笑容地拒絕：拒絕的時候應面帶微笑，態度也要莊重，才讓別人感受到你對他的尊重，就算被拒絕了也能欣然接受。

7. 要有代替地拒絕：拒絕幫忙做 A，但可以協助 B。這樣對方還是會很感謝你。

8. 要有出路地拒絕：在拒絕的時候，如果提供一些其他方法，實際上還是幫了他的忙。

除了上述原則外，以下是幾種可以參考的說話方式：

1. 謝絕法：對不起，這樣做可能不太合適。

2. 婉拒法：哦，原來是這樣，很可能是我還沒有想好，那麼考慮一下再說吧。

3. 幽默法：啊，實在對不起，今天我正好有事，這次也只好當逃兵了。

4. 無言法：運用擺手、搖頭、聳肩、皺眉、轉身等肢體語言和否定表情來表示態度。

5. 緩衝法：哦，請讓我再同朋友商量一下，你也再仔細地想一想，過幾天再做決定好嗎？

6. 回避法：今天我們先不談這個，還是說點別的吧！

7. 補償法：實在對不起，這件事我實在沒辦法，但我可以幫你

做其他我能做到的。

8. 借力法：你可以問問他，他可以證明我沒有做過這樣的事。

9. 自護法：你得為我想想，我怎麼能去做這種毫無把握的事情？你是想讓我難堪嗎？

10.不卑不亢法：哦，現在我終於明白了，你最好去找對這件事更感興趣的人，好嗎？

11.堅定拒絕法：這樣做絕對不可以，我已經想好了，你不用再說了，就這樣定了。

拒絕既要有力量又要避免傷害人，其中的分寸很難把握，所以在說「不」的時候一定要一斯明確，防止不必要的誤會發生，說話方式則要盡量靈活一點。

如果你學會了以上的拒絕藝術，生活會變得輕鬆而且瀟灑獨立。在人際交往之中，既要敢說「不」，也要善說「不」，更要學會說「不」。如果人人都能掌握拒絕的藝術，那我們的生活就會減少更多的爭執與仇恨。

9 關係和諧，人緣「升值」

在自然界裡，日月星辰周而復始不停地運轉，和諧是萬物正常運作的根本，人際關係也是。自然界離不開和諧，人類同樣如此，但這樣的關係是需要所有人共同努力。

從我們自身來說，保持人際和諧一定要注意以下幾點：

（1）保持好心態

保持和諧的心態會讓我們的人生充滿陽光。不要理會嫉妒你的人，包容那些說你壞話或找你麻煩的人，才能讓我們的人際交往更加順暢。

（2）不輕易張揚

年輕人非常喜歡引用但丁《神曲》中的一句名言：「走自己的路，讓別人去說吧！」

張揚的個性肯定要比壓抑舒服，但若這僅僅只是一種意氣用事，是對自己的缺陷和陋習的放縱的話，這樣的張揚對你的前途肯定沒有好處。

社會是一個由無數個體組成的人群，每個人的生存空間不是很大，在伸展四肢的時候需要注意不要碰到別人；當我們張揚的時候必須注意到別人的接受程度，盡可能與周圍的人協調，這才是一種成熟、明智的選擇。

（3）大膽一點，多與別人交往

我們身邊有許多的人不願意與人交往，總是將自己置於孤獨的境地，這是一個非常不好的習慣，長期下去會產生各種心理疾病，也會逐漸失去在人們心中應有的位置。在許多時候，你必須嘗試與他人交往，盡可能地為自己製造交往的機會，然後你就會發現，原來與人相

處是件開心的事，你會從中獲得更多的知識，變得開朗、有活力。

（4）要善於與不同性格的人相處

性格是一種複雜的心理現象，有各式各樣的特色，所以人們常說，世界上沒有完全相同的兩片葉子。我們理解了這種差別，看到不同性格的人就不會強求別人要和自己一樣。

那我們應該怎樣適應不同性格的人，學會與不同性格的人相處呢？

①注意並瞭解別人

你如果對一個人不瞭解，你們的感情必定會有距離。

②學會包容

與不同的人交往，就要學會包容，胸懷應該寬一些，氣量應該大一些。

③注意說話的不同方式

跟不同性格的人打交道就要有不同的對待，但不是見人說人話，見鬼說鬼話的圓滑世故，也不是逢場作戲的玩世不恭，而是要瞭解性格不同的人有自身的特點，由此採取不同的態度。

世上的事情不可能盡善盡美，每個人的為人處事也都存在優、缺點，我們無法求全責備，而是要學會和諧相處。不同性格的人要是能夠和睦相處，自然會有所裨益，也只有人際關係達到和諧的狀態，才能保證你的人緣不斷地升值，促進自己的成功。

第四章
用語機智，動嘴之前先動腦

　　人類的頭腦被稱為「宇宙中最複雜的機器」、「生物學上的超級電腦」，想要把話說得恰到好處、把事辦得滴水不漏，就必須在說話辦事之前先經過大腦。事實上，凡是脫口而出的話，十句有九句半會讓自己在事後感到後悔不已，因此，與人交流時一定要先「動腦」再「動口」，稍微修飾真心話的棱角，把握說話的分寸，才能巧說話、辦成事。

1 看看四周再說話

　　說話要講究一定的藝術，要做到不該說的不要說，不該問的不要問，而且在什麼地方跟什麼人說什麼話都必須要注意；如果說話不分場合，就達不到理想的效果。

　　某法院開庭審理一起盜竊案，被告人對作案時間交代不清。審判長決定傳被告之妻到庭作證。由於當時過分著急，審判長脫口道：「把他老婆帶上來！」

　　法庭頓時譁然，嚴肅的氣氛被沖淡了。

　　這個時候的審判長應該運用法庭用語，宣佈「傳證人某某到庭」，卻不小心使用日常用語，就是典型的沒有在正確的場合說正確的話，才會導致氣氛走樣。

　　除了場合會導致說話的不同，不同的年齡和身份也會導致語氣、措辭的差異，例如可以和自己關係親密的朋友開玩笑，對長輩就不能這樣做。

　　除此之外，說話還得講求時機。不管一個人說話的內容有多麼精彩，如果時機掌握不好，也無法達到有效說話的目的，因為聽者的內心往往隨著時間而變化；如果要讓對方願意聽你的話或接受你的觀點，就應當選擇適當的時機。猶如一個參賽的棒球運動員，雖然有良好的技術、強健的體魄，但是他沒有把握住擊球的決定性瞬間，或早或遲，棒就落空了。

　　時機對你非常寶貴，但何時才是這「決定性的瞬間」，怎樣才能判明並及時抓住，並沒有一定的規則，主要根據談話時的具體情況而定。

當然這裡有一個「切入」話題時機的問題。在講話的時候一定要及時地「切入」話題，找到雙方共同關心的事件。

趙明新買了一台洗衣機，因為品質問題連續幾次到維修站修理，但是都沒有修好。他忍不住找了經理訴說苦衷，而經理也很快地把正在看武俠小說的年輕修理工小張叫來，詢問相關的情況並加以指責，要求他為趙明修理。

在去看機器的路上，小張臭著一張臉不肯說話。

趙明靈機一動，問道：「我剛剛看你在看《江湖女俠》，那是第幾集？」

對方答道：「第二集。我快看完了，可惜找不到第三集。」

趙明說：「包在我身上。我家還有不少武俠小說，等一下你儘管借去看。」

雙方圍繞武俠小說你一言我一語，談得津津有味，消除一開始的緊張氣氛，後來不但修好了洗衣機，兩人也成為非常要好的朋友。

平常人們喜歡用「口若懸河」四個字來形容會說話的人，但這其實是很不恰當的形容詞。潑婦罵街往往口若懸河，走江湖賣膏藥的人更是如此，但是我們並不承認他們會說話，因為「會」的標準是要掌握好說話的時機，如果不看時、不思考就說，等於白費口舌。

在與人相處中，說話的時機把握不好，再好的言語也很難打動人心，更難做到愉快地與人交往；既然是交往，言詞上就應該與人為善，學會維護彼此的尊嚴與權力。要想做到二者兼顧，就必須要在每一句話說出口時認真思考。

說話是門實踐性很強的藝術，我們要在生活中有意識地嘗試改進，努力做個說話得體的人。

2 學會思索，懂得放棄

　　人生的本質就是選擇與放棄，許多人會面對選擇困難，又不懂得該如何放棄，甚至產生「放棄就輸了」的想法，然而並非如此。放棄是為了獲得，是一個機會，是能夠抓住另一個更好、更難得的機會。

　　提到選擇與放棄的智慧就不得不想起楊瀾。《正大綜藝》的四年造就了楊瀾，盛名之下的她卻選擇放下「金話筒」出國留學，震驚了很多人。對於這次離去，楊瀾說：「主持人這個行業有某種吃『青春飯』的特徵，我不想走這樣的一條道路。我相信，如果一個人不充實自己的話，前程將是短暫的。」

　　兩年後拿了學位的楊瀾選擇了回國，從加盟鳳凰衛視到創立「陽光文化」公司。她不斷地改變自己的角色設置，但從來沒有偏離做媒體這個大方向。她知道這是自己的優勢；她的目標就是不斷向這個方向上的更高層次邁進。

　　生活中的每次選擇都是人生的一個轉折，而楊瀾的每一次選擇包含著她對自己、對未來的清醒的思考和把握。

　　「一個人要想成功的話，一個最重要的基礎，就是先要明白自己到底要幹什麼。」

　　「成功的意義應該是由自己確定的。」

　　這番話閃爍著楊瀾的智慧，也反映她的成功。

　　楊瀾的選擇智慧在她的一些感想裡面可以看出：在她所寫的《憑海臨風》裡，存在許多充滿哲理的句子：

　　「人生出來就有各自的特長，這是上帝或者是你的成長環境所賦予你很多方面的才能，如果你的工作環境能讓你把自己的才能發揮到

極致，你就會有最大的滿足感和成就感。」

「逆境每個人都會經過，我也絕不會比別人少。不管是得意的時候還是悲觀的時候，都要瞭解自己最需要什麼，如果對自己想要的東西比較明確的話，就知道如果你放棄的話，自己也會不開心的。做自己想做的事，對於成功和失敗可以看淡一點。我相信每一個人都會有掙扎的感覺，不在於他最後的成就。另外我覺得人都有軟弱的地方。你有虛榮心啊，患得患失啊，交織在一起，你的不順利並不一定都是環境造成的，也有你個性弱點的原因。」

「我覺得大學期間最重要的是要把自己的思路打開一點，別光學自己的主修科系。對一個人的成功更有幫助的是一個綜合思考的能力，還有與人交往的能力和溝通的能力。實際上，現在一個人要在這個社會上與人相處，特別是要跟別人合作來做事情，就必須學會跟人溝通，讓別人明白你在說什麼，你在想什麼。這對一個人在社會上的立足和成功，是至為關鍵的。」

「一個人選擇的時候，只能服從你自己心裡想的事情，你對一個環境有不滿意的地方，希望有突破，那一定是你內心有這樣的需要，那就按照你的心告訴你的那樣去做，這是對自己負責任的事，你沒有辦法保證結果。就像我今天沒有辦法保證我四、五十歲的時候是什麼樣子。也許有人會說，楊瀾並不成功，那也沒關係，我仍然相信我的選擇是對的，因為我選擇的是我喜歡做的事。」

學會思索，學會探究，就會把問題推得更深更廣，使你對問題的理解更加全面更深入。

在我們的人生旅途中，時時刻刻都在面臨放棄和被放棄。但你必須明白，並不是所有的探索都能發現鮮為人知的奧祕，並不是所有的跋涉都能抵達勝利的彼岸，並不是每一滴汗水都會有收穫，並不是每

拒絕白目溝通
簡單複製成功

一個故事都會有美麗的結局。因此，我們應該學會放棄。明白這點，也許你就會在失敗、迷茫、愁悶時找到平衡點，找回自己的人生座標。

放棄是一種智慧。儘管你精力過人，志向遠大，但時間不容許你在一定時間內同時完成那麼多事情，正所謂：「心有餘而力不足。」就如把眼前的一大堆食物塞進嘴裡，塞得太滿，不僅腸胃消化不了，連嘴巴都要撐破了！在眾多的目標中，我們必須依據現實，有所放棄，有所選擇。

漫漫人生路，只有學會放棄，才能輕裝前進，才能不斷有所收穫。倘若一個人將一生的所得都背負在身，縱使他有一副鋼筋鐵骨，也會被壓倒在地。懂得在關鍵時刻放棄小利益，不為小恩小惠所動，這才是做人的最高境界。當然，用自己的利益做賭注，即使再小，也不是任何人都願意去做的，這就要求我們要有長遠的眼光，要敢於下注。

有一個聰明的年輕人，很想在一切方面都比他身邊的人強，尤其想成為一名大學問家。可是許多年過去了，他的其他方面都不錯，學業卻沒有長進。他很苦惱，就去向一個大師求教。

大師說：「我們登山吧，到山頂你就知道該怎麼做了。」

那山上有許多晶瑩的小石頭，煞是迷人。每次見到他喜歡的石頭，大師就讓他裝進袋子裡背著，很快他就吃不消了。

「大師，再背，別說到山頂了，恐怕連動也不能動了。」

「是呀，那該怎麼辦呢？」大師微微一笑，「不放下那些，背著石頭怎麼能登山呢？」

年輕人一愣，忽覺心中一亮，向大師道了謝走了。之後的他一心做學問，進步飛快。

其實，人要有所得必要有所失，只有學會放棄，才有可能登上人生的極至高峰。

在電影《臥虎藏龍》中有這樣的一個場景，男女主角坐在一個涼亭之中，背景是一片翠綠的竹林涼風徐徐地吹來，一片與世無爭的怡然自得。之中有一句對白是這樣說：「我的師父常說，把手握緊裡面什麼也沒有，把手放開，你得到的是一切！」

生活並不是一帆風順，很多時候我們需要學會放手，放手不代表對生活的失職，它也是人生中的契機。然而學會放手要比學會緊握更難得，因為那需要更多的勇氣。

放棄是一種睿智，是一種豁達，是新的起點也是錯誤的終結，不盲目也不狹隘。學會放棄，人生才能有爽朗坦然的心境。

3 窮人缺什麼

　　元旦，一對農夫夫婦守著兩筐大蘋果叫賣，卻因為天寒而問者寥寥。一名教授見此情形，上前與夫婦倆商量幾句，然後走到附近商店買來節日裡常用的紅色彩帶，並與夫婦倆一起將蘋果兩兩一紮，接著高叫道：「情侶蘋果喲！五十塊一對！」

　　經過的情侶們甚覺新鮮，因而買者甚眾，沒多久就賣光了。

　　生活就是思考，一個人即使是在睡眠狀態下，他的夢境裡仍然思緒萬千。如果一個人停止了思考，那他也就停止了生命

　　生活中發生的每件事都取決於大腦所思考的內容、思想和堅持的信念。生命和生活都是由各種思想支配著，你可以改變你的生活，但必須透過改變思想來實現。

　　窮人最缺的不是財富，而是創造財富的能力。

　　社會經濟發展史告訴我們，當人們解決了溫飽問題並出現剩餘產品之後，就產生了窮人和富人。富人佔有大多數產品，而窮人沒有或者佔有少量的剩餘產品，所以造成了貧富差距，社會矛盾就圍繞貧富問題而展開。縱覽人類文明史，富人與窮人之間的鬥爭一直都沒有停止過。

　　金錢作為貨幣符號，作為財富的化身，成為富人掠奪剩餘產品的手段，也成了富人剝削窮人的工具。事實上，金錢應該是思想的產物，如果你想要更多的錢，只需改變你的思想。

　　大同境界把造成財富分配不均的原因歸咎在富人身上，歷朝農夫都是高舉「劫富濟貧」的大旗起義，透過「窮人打倒富人」的途徑解決貧富差距問題。可是推翻皇帝之後，又會產生新的皇帝，打倒富人

之後，又會出現新的富人，除了造成一次次社會動盪，財富分配不均的現象依然存在。

莎士比亞說：「金子，把惡的變成善的，把醜的變成美的……」

馬克思曾對資本剖析：「資本來到世間，從頭到腳每一個毛孔都滴著血和骯髒的東西」。

無論是何種制度、何種文化，都必須承認「人們追求財富和幸福」是不可剝奪的權利。

絕大多數的父母都會教導自己的小孩：「努力學習，得到好成績，你就能找到高薪並且伴有很多其他好處的職位。」並且把孩子往「考大學」的獨木橋上趕，經過時間的淬鍊，幾乎成為一種本能。近幾年展開的教改討論雖然已經揭開教育的弊端，但具體應該怎麼改善，尚未找到有效的方法。

「知識就是力量，知識就是財富。」

知識轉換成財富需要催化劑，可傳統教育缺乏對「財商」的開發，忽略對創造能力的培養。

由於教育存在缺陷，很多的人被家庭和學校傳統教育耽誤，他們雖然擁有很高的教育水準，卻缺乏最基本的理財知識，最後陷入「追吃紅蘿蔔不停拉磨的驢子」一般的困境。

世界上絕大多數的人之所以都在為了財富奮鬥終生而不可得，主要原因在於雖然他們都曾在各種學校中學習多年，卻從未學習到關於金錢的知識，導致只知道為了錢而拚命工作，卻不去考慮如何讓錢為他們工作。今天，即使只是為了生存下去，我們也需要提高自己的「財商」。

「只有工作才能創造錢」的想法是在財務上不成熟的人才會有的概念。這並不意味著他們不聰明，只不過是沒有學到「賺錢的方法」

而已。

　　貧窮是一種疾病、一種惡習，如果不是由於懶惰，就是由於無知，或者既無知又懶惰。貧窮不單是金錢和物質的缺乏，最主要的還是精神、信心、勇氣、熱情、意志和知識的缺乏。所以貧窮者不僅是「口袋空空」，更是「大腦空空」。

　　在這個世界上，思考是一切成功、興旺和幸福的源泉，也是一切失敗、貧窮和不幸的本源，決定性格、事業乃至他的一切。正如英國詩人約翰‧米爾頓（John Milton）所揭示的那樣：「精神具有它自己的天地，在那裡，它可以創造出一個地獄的『天堂』，也可以創造出一個天堂的『地獄』。」

　　有人曾說：「思考是最困難的事。」這可能就是為什麼只有少數人真正會思考的原因。

　　窮人也有窮人的智慧，但那更多是用在「生存」層面上，一個生活在窮人堆中的窮人，要想躍上富人的台階，很多時候必須和自己這個階層說拜拜。但這並不是背叛，而是一種自我改造。

　　只要勤於動腦，成功就在自己的身邊；有雄心成大事者往往會把自己的注意力專注於某一特定方向，利用思考的力量抓住成功的機遇。

4 啟動你思考的引擎

一個能思考的人才是力量無邊的人；許多成大事者只把自己的思維拓寬了一步，便獲得了巨大的成功，就像黃仲涵從一開始的單一經營制糖業擴大到經營甘蔗種植業，形成全方位一體化的經營體系，就是很好的證明。

黃仲涵是印尼建源股份有限公司的董事長，也是二十世紀初影響最大的華商。黃仲涵繼承父業後，不滿足於「建源棧」的商貿業務，決心開拓有更大的發展前途的經營領域，而這已經顯示出他非凡的眼光和獨到的策略，特別是他創富思維的能力。

黃仲涵的想法很簡單，既然制糖業的發展要依賴甘蔗的種植，那他自己為何不能來個「一條龍」的生產呢？經過周密的研究和思考，黃仲涵認為爪哇島的氣候與土壤是種植甘蔗的天然地區，而且印尼華僑經營蔗糖業歷史悠久，經驗豐富，當時已經享譽南洋，因此決定投資經營甘蔗業。他吸收歷代華僑的制糖經驗，大面積地種植品質優良的甘蔗，並且興辦機械化和電氣化的糖廠，從原料生產、加工成品再到他的「建源棧」銷售，形成「一體化發展」的經營方式，使他從事的經營具備強大的競爭力。

為了保證經營模式始終處於較高水準，黃仲涵十分重視技術進，他購進國外最新設備、聘請德國技術專家、選派有培養前途的華僑青年到西歐去學習技術知識。這些措施使他們的甘蔗園和糖廠率先達到全面電氣化。

第一次世界大戰期間，歐洲各國陷入混亂之中，許多工廠被迫停產，百貨昂貴，糖價暴漲，黃仲涵的建源股份有限公司不失時機坐收

拒絕盲目溝通
簡單複製成功

漁利，全力經營制糖業，到戰爭結束後，他真正成為富甲東南亞的世界糖王。

黃仲涵雖未上過正規學校，但他有刻苦鑽研的精神，辦事力求精益求精。他有一句口頭語：「決不要滿足於做一名普普通通的人，你要瞄準那最高的目標。」

為使他「一體化發展」的經營策略更完善，黃仲涵大力推崇「全方位『一體化發展』」的策略。他創辦了黃仲涵銀行，從而確保經營發展資金來源管道暢通。為保證運輸管道暢通、本企業的原料與產品及時運送，他又與朋友一道共同經營「三寶瓏輪船公司」，接著收購該公司的全部股份，並改名為「協榮茂輪船公司」，新購進四艘輪船航行於印尼各地。黃仲涵的印尼建源公司下設有經濟部、商業部、工業部、銀行部、輪船部、倉庫部、保險部、宣傳部等部門。經濟部專門收集、分析工商業情報，為其經營決策提供資訊參考；商業部轄建源股份有限公司，下設分支行、辦事處二十五個；工業部轄黃仲涵砂糖股份有限公司、東莞糖廠、黃仲涵木薯澱粉廠、中國酒精廠；銀行部轄黃仲涵銀行；輪船部轄協榮茂輪船公司；倉庫部擁有中爪哇倉庫股份有限公司；保險部轄黃仲涵總公司保險部；宣傳部轄發行印尼文的太陽日報社。凡瞭解黃仲涵建源股份有限公司的經營者，無不讚歎他「全方位一體化經營」的策略頗有「卡特爾」的氣派。這就難怪黃仲涵的「糖業帝國」不但頂住了實力強大的荷蘭、日本等同行的競爭壓力，而迅速發展壯大。他的 9 家糖廠最高年產量達 10 多萬噸，占印尼國內消費市場的一半左右，在國際市場上也佔有一定份額。其甘蔗種植、航運、金融業等皆具相當規模。

如果當初黃仲涵的創富思維僅停留在擴大制糖業上，那麼他就不會取得這樣大的成就。正因為他把創富思維拓寬了一步，才讓他走出

小天地，用策略的眼光打造出屬於自己的輝煌事業和人生。

「思考決定一切」。當思考與目標、毅力以及獲取財富的強烈雄心結合在一起時，思考將會產生強大的力量。

5 把話說巧，需經大腦

要把話說得滴水不漏就要經過大腦這扇門，這是掌控語言的最佳竅門。只有在說話之前，在腦子裡多打幾個滾，這時說出的話才是摻了智慧，讓人心服口服的。

春秋時的晉國，自晉文公即位後，發奮圖強，使得國家迅速興盛起來，成為春秋時的一大強國，晉文公也成了一代霸主。可接下來，晉襄公、晉靈公卻不思進取，只圖享樂，晉國的霸主地位不知不覺地就被楚國代替了。

晉靈公即位不久，便大興土木，修築宮室樓台，以供自己和嬪妃們享樂遊玩。他挖空心思想要建造一座九層的樓台。可以想見，如此龐大複雜的工程，要耗費多少人力、物力！可晉靈公不顧一切，徵用了無數的佚民，花費了巨額的公款，持續了幾年，也沒有完工。全國上上下下，無不怨聲載道，但都敢怒而不敢言，因為這位晉靈公明令宣佈：「有哪個敢提批評意見，勸阻修造九層之台的，立斬不赦！」

一天，大夫孫息求見，靈公料他是來勸諫的，便拉開弓，搭上箭，只要孫息開口勸說，他就要射死孫息。誰知孫息進來後，像是沒看見他這架勢一樣，非常輕鬆自然，笑嘻嘻地對靈公說：「我今天特地來表演一套絕技給大王看，讓大王開開眼界，散散心。大王您感興趣嗎？」

靈公一看有玩的就來精神了，問：「什麼絕技？別賣關子了，快表演給我看看。」

孫息見靈公上鉤了，便說：「我可以把十二個棋子一個個疊起來後，再在上面加放九個雞蛋。不信，請看。」說著，便真的玩起來。

他一個一個地把十二個棋子疊好後，再往上加雞蛋時，旁邊的人都非常緊張地看著他，靈公禁不住大聲說：「這太危險了！這太危險了！」

孫息一聽靈公這樣說，便趁機進言，說：「大王，還有比這更險的呢！」

靈公覺得奇怪，因為對他來說，這樣子已經是夠刺激、夠危險的了，還會有什麼更驚險的絕招嗎？便迫不及待地說：「是嗎？快讓我看看！」

這時，只聽見孫息一字一句、非常沉痛地說：「九層之台，造了三年，還沒有完工。三年來，男人不能在田裡耕種，女人不能在家裡紡織，都在這裡搬石頭、運石塊。國庫的金子也快花完了。兵士得不到給養，武器沒有錢鑄造。鄰國正在計畫乘機侵略我們。這樣下去，國家很快就會滅亡。到那時，大王您將怎麼辦呢？這難道不比疊雞蛋更危險嗎？」

靈公一聽，猛然醒悟，意識到了自己幹了多麼荒唐的事，犯了多麼嚴重的錯誤，便立即下令，停止築台。

孫息一番智慧話，讓靈公停止了築台。由此可見，話有多種說法，把話說得好，讓人愛聽，這就需要說之前在大腦裡思考一番。生活在現代社會裡，我們天天都要說話，把話說好，說得有智慧，都要經過大腦，才能辦好事情。

下面這個公關人員就是一個懂思考會說話的人，因而，他總能把事辦成。

一次，一位公關人員負責陪同一位澳門華僑公司女經理在上海參觀遊覽，上司要求這位公關人員要設法款待一次經理。結果，在參觀遊覽城隍廟時，經過兩家飯店，這位公關人員向華僑經理兩次詢問：「夫人，肚子餓嗎？」

拒絕白目溝通
簡單複製成功

　　華僑經理客氣地搖搖頭，出了城隍廟，經過「老闆店」，公關人員眼看經理就要登車回旅館就餐了，於是換了一種說法：「夫人，早上出來，怕您等我，我來不及吃早飯，只吃了兩塊餅乾，就來接您了，現在我餓了，您能陪我吃點嗎？」華僑經理聽了欣然點頭⋯⋯

　　這位公關人員就很有辦法，求您不行，讓你陪我總該給個面子吧！我們平常說話辦事時也少不了會遇到這種場合，好不容易辦一桌酒席，可惜請人不到，既丟面子又丟錢。俗話說，「請客不到，兩家害臊。」如果像這位公關人員一樣，從另一個角度發出邀請，事情便會有轉機，這就是一種智慧的外在表現。

　　空有好口才而不知三思而言，帶來的損失是巨大的，把「逞口舌之快」當成一種「快樂」的人，定是傻瓜。

6 腦袋決定錢袋

在每一個猶太人家裡，當小孩子稍微懂事時，母親就會翻開聖典，點一滴蜂蜜在上面，叫小孩子去吻書上的蜂蜜。他們認為那是最甜的。

猶太人家庭的孩子，成長過程中幾乎都要回答這樣一個問題：「假如有一天你的房子被燒毀，你將帶著什麼東西逃跑呢？」

如果孩子回答是錢或鑽石，母親將進一步問：「有一種沒有形狀、沒有顏色、沒有氣味的寶貝，你知道是什麼嗎？」

要是孩子答不出來，母親就會說：「孩子，你要帶走的不是錢，也不是鑽石，而是智慧。智慧是任何人都搶不走的，你只要活著，智慧就永遠跟隨著你。」

這就是猶太人智慧的力量！

窮人只看到富人累積財富的結果，卻往往忽略了富人的智慧。由窮到富的轉變是大多數人憧憬的，但沒有致富的思想和手段，就不能改變貧窮的命運。

有人說：「越窮越閑，越富越忙。」一些懶散的人總在抱怨致富項目如何難找，而那些先富起來的人在完成一項工作賺了一筆錢後，又開始尋找下一個商業機會。窮人的時間總是花在看電視、閑嘮嗑、打麻將上，而富人卻把時間用在找資訊、找專案、找機會上。

「觀念改變了，新的市場領域就出現了。」這句流行語在各個行業都很適用。一個人能否成功，很大程度上取決於他的觀念。腦袋決定你的錢袋。在當今社會，必須有新的觀念、新的方法、新的發明、新的創造、新的賺錢之道、新的理財技巧……才能立於不敗之地。

只有從頭腦裡徹底克服怕富的觀念，從不敢富到追求財富，才有

拒絕白目溝通
簡單複製成功

可能變富。正如《窮爸爸，富爸爸》一書中說到的，學會接受財富的觀念、教育，意義重大，它能幫助你安度後半生，談笑風生。

有一位窮人向一位成功人士取經，問他是怎麼轉變思路，由窮變富的。這位富人並沒有正面說出自己的成功之路。而是設想了三個問題讓窮人回答。

第一個問題：「如果有兩個人掉進了同一個大煙囪，其中一個身上滿是煙灰，而另一個卻很乾淨，那麼他們誰會去洗澡？」

「當然是那個身上髒的人！」窮人回答說。

「錯！那個被弄髒的人看到身上乾淨的人，認為自己一定也是乾淨的，而乾淨的人看到髒的人，認為自己可能和他一樣髒，所以是乾淨的人要去洗澡。」

第二個問題：「他們後來又掉進了那個大煙囪，情況和上次一樣，哪一個會去澡堂？」

「這還用說嗎，是那個乾淨的人！」

「又錯了！乾淨的人上一次洗澡時發現自己並不髒，而那個髒人則明白了乾淨的人為什麼要去洗澡，所以這次髒的人去了。」

第三個問題：「他們再一次掉進大煙囪，去洗澡的是哪一個？」

「這？是那個髒人。不，是那個乾淨的人！」窮人不知該如何回答。

「你還是錯了！你見過兩個人一起掉進同一個煙囪，結果一個乾淨、一個髒的事情嗎？」富人笑道，「這就是思路問題！」

觀念決定命運，思維決定行動。什麼時候你能大膽地、大方地走出去，跟比你生活得好的富人打交道、學經驗；什麼時候你能把「我很窮」三個字從大腦中剔除。那麼，你就已經在慢慢走向致富之路了。

貧困女大學生李麗，來自一座小山村。大學四年，平均每天只花

一百塊。面對昂貴的學費，她四處奔波打工。早飯，買二十塊一個的饅頭吃，吃完早飯後，她又會買上三四個饅頭，用塑膠袋包起來放在被窩裡，中飯和晚飯又是饅頭沾著辣醬吃。

在那樣艱苦的環境裡，李麗始終有一個信念：一定要堅持到大學畢業，看著父母痛苦無奈的表情，李麗毅然做出假期外出打工賺錢的決定，不管能賺多少，她都要為自己的大學夢努力奮鬥。

大一暑假裡，李麗先去了一些服裝店應徵服務生，但是店長看到李麗瘦瘦小小的樣子，都婉言拒絕。最終，李麗在一條美食街找到了當服務生的工作。兩個月的暑假很快過去了，李麗一共賺了一萬多塊，她幾乎沒有花掉一分錢。就這樣，李麗帶著親朋好友借的學費和自己打工賺的一萬元錢來到了校園。

「每一樣東西都貴得出乎我的意料。」原本以為通過自己在課餘做兼職加上助學貸款，可以完成大學四年學業的李麗後來才發現生活原本這般困難。

「大學的第一個月花費特別大，什麼東西都要自己買。」錢很快花完了，李麗不願意伸手向家裡要，便開始到處找兼職：在學校服裝店做過服務生，國慶假期做過手機推銷員……

大三的時候，一次在給一家健身房裝修的過程中李麗得知這家健身房要招一個瑜伽教練，一節課能賺一千元。只在大一體育課學過一點瑜伽的李麗太需要這份穩定的教練職業了，就斗膽向健身房經理撒謊，說自己有教瑜伽的經驗。

經理給了李麗試教的機會。但教瑜伽並沒有想像中那麼容易，原本經驗就不足的她第一節課就出盡了洋相，經理氣得指著李麗罵道：「你給我下來！」執著的李麗不想失去這份工作，她再三懇求經理再給她一次機會。經理甩下一句「明天不要再給我丟臉」後就走了。

　　為了擁有這份兼職，之後每天，李麗就在寢室裡對著電腦練，熄燈了她就跑到走廊上練。最後，憑著教授瑜伽課，李麗在大三這個暑假賺了四萬多元錢。慢慢地她的瑜伽練得越來越好，她也深深地愛上了這份工作。

　　大三的寒假，她身兼了三家健身房的瑜伽教練，還和一家單位合辦了瑜伽培訓班。每天她在學校上完課，馬上就匆匆趕往健身房。

　　那個寒假，本來就瘦弱的李麗從四十六公斤瘦到四十一公斤。兩個月下來，李麗憑著一股韌勁和執著賺了六七十萬，加上學校的助學貸款，她交了大四一年的學費。

　　大學前四年，每逢春節，李麗都是在年前兩天才匆匆趕回家；大年初二初三，當別人都還在享受一家人團聚的時候，李麗就又踏上了回程打工兼職的路途。

　　一個人的出身無法選擇，但是，完全可以靠著自己的努力改變。

　　只要想富，就能富。

　　人與人的最大差別是脖子以上的部分，成功與失敗，富有與貧窮，有時只不過是一念之差。

7 不怕做不到，就怕想不到

近年來，網上風行一個古漢字「囧」，有人把它稱為「21 世紀最屬害的一個字」。如果你不認識「囧」這個字，「只能說明你老了」。「這次語文考試只得了 59 分！」差一分及格的事如果在年輕群體中出現，周圍估計立即就會發出「囧」的感慨。這個字似乎已經成為年輕人的一種標誌。

「囧」讀音ㄐㄩㄥˇ；本義是「光明」的意思。但這個字現在被賦予了更多的意義，並發展成為一種奇特的網路文化，在全國各地帶來許多轟動效應。有的人就發現了這個字的商機，大打「囧」字牌，為自己招攬生意，一下子取得了成功。

「這是什麼字啊？」人們對著一家學校門口新開業的飲料店招牌發出疑問。門店上方的招牌上，印著一個大大的「囧」字。南來北往的人看到這個字，就停下腳步仔細觀察。於是，門口人來車往，川流不息。自然有許多人圖個新鮮進去消費。這樣，飲料店的老闆的目的就達到了。

「競爭激烈，飲料主要針對學生，肯定要潮一點。」飲料店老闆一開口，就知道他是典型的網路達人。

如果只是招牌上玩玩伎倆，似乎也沒有什麼值得一提的，不過據大家介紹，「囧」字飲料店，真的有特色。要一杯這裡賣得最好的「特色囧飲料」，喝一口，有點可樂、有點奶味的奇怪感覺。「難喝也是一種味道啊。」有人認為囧飲料應該就是這個味兒。飲料店老闆看看同行的朋友，臉上的表情擰起來了，似乎真的成了一個「囧」字。

無獨有偶，有的人建立了關於「囧」的專門網站，還有人用「囧」

拒絕白目溝通
簡單複製成功

字開了部落格。據瞭解,「囧」字在字典裡也有顯示,後被網路進一步宣揚,現在成為一種罕見的網路文化。

有人這樣形容「囧」的魅力:「囧」是一種態度,一種哲學;「囧」是平凡的,但是迥然一看,卻又包含著萬般語言;「囧」是神奇的,「囧」中有著對世界的探索;「囧」,就是「囧」,用其他的語言無法表達「囧」的萬分之一。

漢語之所以始終有鮮活的生命力,是因為人們始終在參與這個遊戲,並且在這個遊戲中發揮自己的想像力和創造力。仔細看一看這個字,兩條向下撇的眉毛,一張嘴巴,還真酷似人的臉。不知是誰第一個把「囧」和人的臉聯繫起來,但是他利用自己的想像力,發明了一個為大家所接受的新玩法。

想像力是這樣一個過程,我們可以在思維中構想各種各樣的圖景,把自己所期望或所想達成的願望描摹在上面。請你記住這樣一個事實,你的思維對每件事物都有一幅圖景,你所要做的每件事都描繪在其中。你腦海中的圖景其實就是某一具體的計畫或者是你生活的某一方面。

只有敢想敢說敢做,才能為自己創造更多可以選擇的機會。看看下面這則小故事,相信你肯定會受到很大啟發。

在美國,有一個老農夫,他有三個兒子。老大和老二都在城裡工作,只有小兒子和他在一起,父子相依為命。

突然有一天,一個人找到老頭,對他說:「老人家,我很看好你的小兒子,想把他帶到城裡去工作?」老頭氣憤地說:「不行,絕對不行,你滾出去吧!」這個人說:「如果我在城裡給你的小兒子找個物件,可以嗎?」

老頭搖搖頭:「不行,快滾出去吧!」這個人又說:「如果我給你小兒子找的物件,也就是你未來的兒媳婦,是洛克菲勒的女兒呢?」

老頭想了又想，終於被「洛克菲勒的女婿」這件事打動了。

過了幾天，這個人找到了美國首富石油大王洛克菲勒，對他說：「尊敬的洛克菲勒先生，我想給您的女兒找個對象。」洛克菲勒說：「不需要，你快出去吧！」這個人又說：「如果我給您女兒找的物件，也就是您未來的女婿，是世界銀行的副總裁，可以嗎？」洛克菲勒同意了。

又過了幾天，這個人又找到了世界銀行總裁，對他說：「尊敬的總裁先生，你應該馬上任命一位副總裁！」總裁先生頭也不回地說：「不可能，這裡這麼多副總裁，我為什麼還要任命一位副總裁呢，而且必須『馬上』？」這個人說：「如果你任命的這個副總裁是洛克菲勒的女婿，可以嗎？」總裁先生當然同意了。

故事到這裡，結果一目了然了。這就是連環智慧的效應。看來這個世界上，只有想不到的事，沒有做不到的事！

有人說，埋頭拉車還要抬頭看路。的確，換一個角度尋找好主意，也是一種不錯的辦法。所以，再忙也要給自己留出思考的時間，這樣會比別人稍微走得快一點兒，說話辦事也就最容易成功。

一位推銷員從總公司被派到歐洲分公司，他報到的時候，帶來了公司 CEO 寫給分公司總經理的一張字條：「此人才華出眾，但是嗜賭如命，如你能令他戒賭，他會成為一名百裡挑一的出色推銷員。」

總經理看完紙條，馬上把這位推銷員叫到自己的辦公室：「聽說你很喜歡賭，這次你想賭什麼？」

推銷員回答：「什麼都賭，比如，我敢說你左邊的屁股上有一顆胎痣。假如沒有，我輸你 500 美元。」

這位總經理一聽大叫道：「好。你把錢拿出來！」

接著，他十分利索地脫掉褲子，讓那位推銷員仔細檢查了一遍，

證明並無胎痣，然後把推銷員的錢收了起來。事後，他撥通了 CEO 的電話，洋洋得意地告訴他說：「你知道嗎？那位推銷員被我整治了一下。這叫『以其人之道還治其人之身』，以毒攻毒。」

「怎麼回事？」

總經理把事情的經過講了一遍。CEO 歎了口氣回答說：「他出發到你那裡之前，同我賭 1000 美元，說在見到你的五分鐘之內，一定能讓你把屁股給他看。」

停了一會兒，CEO 又說：「不過，我和董事長打賭 5000 美元，說你會讓這個推銷員參觀你的屁股。」

在這場環環相扣的博弈中，每個人都很聰明，但每個人又都是笨蛋，因為他們在把別人當做籌碼的同時，又成為別人賭局中的一個籌碼。但是笨蛋又有「大」、「小」之分，整場博弈中的最大贏家，實際上不過是損失最小的那個笨蛋而已。

在這個社會上，天才畢竟是少數，每個人都不可避免地要經歷「成」與「敗」。所不同的是，多數人把成敗歸結於偶然性，如果失敗了，拍拍屁股爬起來頭也不回地向前衝，結果「在哪兒爬起來又在哪兒摔倒」，而且不止一次。只有少數有耐心的人，對自己的成敗會靜下心來觀察研究，發現和學習其中存在的規律性東西，使自己變得聰明起來，不再一次次成為「最大的笨蛋」。

奇思妙想是成功的前提。沒有思考的行動是盲目的。如果連想都不想，何談說話辦事的成功呢？

8 思考決定出路，行動決定成功

為什麼有人辛苦勞碌一輩子，到頭來腦袋空空，成功遙遙無期？答案是：思路決定出路，行動決定成功！我們今天的生活是由我們昨天的思路決定的！世界成功學大師卡內基說：「成功不是做你喜歡做的事，而是做你應該做的事！」

路雖遠，行則將至；事雖難，做則必成！很多事，不是我能不能，而是我要不要！成功人士做什麼，我們就做什麼，我們自然也就成功！這是成功的祕訣之一。選擇比努力更重要，選擇不對，努力白費！選擇一個新的既學習又賺錢、既輕鬆又快樂的商機，別人苦苦追求十年也未必實現的目標效益，我們不足兩年就可以實現，這就是濃縮人生，這就是成功的捷徑！這就是智慧！這就是資訊和直銷時代人與人之間新的區別。所以當路走不通時，不要一味頑固，而要變換思路，改變陳舊的觀念，打破世俗的牢籠。

在一個偏遠地區的農村，住著一位普通而地道的老農，為了發家致富，他專門承包了幾十畝土地，用來種植果樹，為了方便管理，他還在果園四周壘起了圍牆。三年後，在他的精心培育下，果樹上掛滿了累累碩果。看著這一大片果園，別提他有多開心了。

可不幸的是，與他同時種果樹的人太多了，而且果子都很好，因此，時常價格並不高，甚至連平時的最低價格都無法保證，可果子已經成熟了，不賣掉，是要發黴的，那樣就賠大了，自己為了這個果園，可是連自己的老本都搭進去了，還借了不少。這可怎麼辦呀！急得他吃不香，睡不好，幾天下來，整個人都瘦得脫了相。沒辦法。為了盡量減少損失，他決定賤賣，可這樣依然沒人問津。最終那些果賤得掛

拒絕白目溝通
簡單複製成功

在樹上都沒有人願意去摘。

　　許多人家開始絕望地砍樹。他家也不例外，幾年的心血全都白費了；更為嚴重的是，當初買樹苗、買化肥、買農藥、壘圍牆的錢都是借來的，如今拿什麼去還啊？

　　自此他的家中再無寧日，每天都是前來討債的人——親戚、朋友、鄰居，走馬燈一般在他家進進出出。他真的絕望了！不要說還債，他連糊口的能力也沒有了——就連他套種在果園裡的麥子也都被野兔吃光了。

　　走投無路的他，對兔子充滿怒火——他迅速關上果園的大門，然後開始在園中打兔子。那麼多兔子家裡一時吃不完，他就將兔子拿到城裡去賣，沒想到城裡的餐館爭著要；從城裡回家的路上，他問自己，為什麼不去養野兔賣錢呢？

　　回到果園，他便把圍牆上所有的野兔洞都給堵上，利用園中現有的兔子，開始養殖野兔。反正野兔遍地都是，不需要花大價錢去引種，只需每天到集市上揀些菜葉或去割些青草。

　　從此，苦心經營的果園成了野兔們的「伊甸園」。野兔的繁殖能力強，僅僅幾個月，圍牆內的野兔已是「數代同堂」。很快，他就成了遠近聞名的野兔養殖戶，不僅還清了以前所有的欠款，還過上了富裕的生活。

　　有什麼樣的思路，就有什麼樣的出路。只要你找到了成功的思路，並付諸於行動了，那麼你將從平凡而走向璀璨，由約束而獲得自由，由卑微而彰顯高貴。天高任鳥飛，海闊憑魚躍。不要怨天不夠高，不要怨地不夠寬，只要你有了高飛的思想，只要你有了躍龍門的志向，在你決定去做的那一刻起，成功已在慢慢累積。

　　山姆是一家大公司的高級主管，他面臨一個兩難的境地。一方面，

他非常喜歡自己的工作，也很喜歡跟隨工作而來的豐厚薪水——他的位置使他的薪水有只增不減的特點。但是，另一方面，他非常討厭他的老闆，經過多年的忍受，最近他發覺已經到了忍無可忍的地步了。在經過慎重思考之後，他決定去獵頭公司重新謀一個職位。獵頭公司告訴他，以他的條件，再找一個類似的職位並不費勁。

回到家中，山姆把這一切告訴了妻子。他的妻子是一個教師，那天剛剛教學生如何重新看待問題，也就是把正在面對的問題完全顛倒過來看——不僅要跟你以往看這個問題的角度不同，也要和其他人看這個問題的角度不同。她把上課的內容講給了山姆，這使山姆得到了啟發，一個大膽的創意在他腦中浮現。

第二天，他又來到獵頭公司，這次他是請公司替他的老闆找工作。不久，他的老闆接到了獵頭公司打來的電話，請他去別的公司高就。儘管他完全不知道這是下屬和獵頭公司共同努力的結果，但正好這位老闆對於自己目前的工作也厭倦了，所以沒有考慮多久，就接受了這份新工作。

這件事最美妙的地方，就在於老闆接受了新的工作，結果他目前的位置空出來了。山姆申請了這個位置，於是坐上了以前他老闆的位置。

這是一個真實的故事，在這個故事中，山姆本意是想替自己找個新的工作，以躲開令自己討厭的老闆。但他的太太教他換一種方法想問題，就是替他的老闆而不是他自己找一份新的工作，結果，他不僅仍然幹著自己喜歡的工作，而且擺脫了令自己煩心的老闆，還得到了意外的升遷。

在現實的生活中，當人們解決問題時，時常會遇到「瓶頸」，這是由於人們看問題只停留在同一角度造成的，如果能換一換視角，也

就是換一種方法考慮問題，情況就會改觀。

超越自己永遠是強者的姿態，思路恰恰是主幹，行動則是一切想法的執行者。

9 善於思考，多向自己提問

一個有野心的人，要想成就大事，必須善於思考，多向自己提問！

首先，要思考你的事業，思考你自己，向自己問問題，只有養成了這樣的習慣，在事業的開創過程中，不斷地思考自己，思考自己所做過的、正在做的和將要做的事情；不斷地向自己提出問題，看一看哪些是需要彌補的不足之處，哪些是應該改正的錯誤之處，哪些是該向人請教的不明之處……唯有如此，才會前進，才會成功。

向你自己或別人提出迷惑不解的問題，可能使你獲得豐厚的報酬。這種方式曾經導致了世界最偉大的科學發現之一。我們從小就知道這樣一個故事：

從前，一個年輕的英國人在他家的農場裡度假，他仰臥在一棵蘋果樹下，思考問題，這時，一隻蘋果落到了地上。「蘋果為什麼會落到地上呢？他問自己。地球會吸引蘋果嗎？蘋果會吸引地球嗎？它們會互相吸引嗎？這裡面包含著什麼樣的原理呢？」

這位年輕人就是牛頓。他用思考的力量，獲得了一項極其重要的發現——萬有引力定律。牛頓向自己提問發現了引力定律。

現在的社會裡，也有這樣的例子。

自古蓋房子出售，都是先蓋好房，再出售，對此，霍英東反覆問自己：「先出售，後建築」不行嗎？正是由於霍英東這一頓悟，使他擺脫了束縛，邁上了由一介平民變為億萬富豪的傳奇般的創業之路。

霍英東是中國香港立信建築置業公司的創辦人。在香港居民的眼中，他是個「奇特的發跡者」。「白手起家，短期發跡」，「無端發達」、「輕而易舉」、「一舉成功」，等等，這些議論將霍英東的發跡蒙上

拒絕白目溝通
簡單複製成功

了一層神祕的色彩。霍英東的發跡真的神祕嗎？不，他主要是運用了「先出售、後建築」的高招。

在他以前的房地產業，都是先花一筆錢購地建房，建成一座樓宇後再逐層出售，或按房收租。而他則「變了個戲法」，即預先把將要建築的樓宇分層出售，再用收上來的資金建築樓宇，來了一個先售後建。這一先一後的顛倒，使他得以用少量資金辦了大事情。原來只能興建一幢樓房的資金，他可以用來建築幾幢新樓，甚至更多；同時，他又能有較雄厚的資金購置好地皮，採購先進的建築機械，從而提高建房品質和速度，降低建造成本，更具競爭力的是他的樓宇位置比同行的更優越而價格卻比同行的更低廉。而且，有時他還採用分期付款的預售方式，使人人都能買得起。霍英東的戲法真是高招，他開創了大樓預售的先河。為了推廣先出售後建築的「戲法」，霍英東率先採用了小冊子及廣告等形式廣為宣傳。他說：「我們開展各種宣傳，以便更多的有餘錢的人來買。譬如來港定居或投資的華僑、僑眷、勞累了半生略有積蓄的職員、賭博暴發戶、做其他小生意脹滿腰包的商販，都可以來投資房產。誰不想自己有房住？只有眾多的人關心它、瞭解它、參與它，我們的事業才有希望。霍英東的廣告效果頗為不錯。立信建築置業公司在短短的幾年裡所營建、出售的高樓大廈就佈滿了香港、九龍地區，打破了香港房地產買賣的紀錄。這個既不是建築工程師出身，又非房地產經營老手的水上「窮光蛋」，用不長的時間便成了赫赫有名的樓宇住宅建築大王、資產逾億萬的大富豪。現在，霍英東名下的公司有 60 餘家，大部分都經營房地產生意，或與房地產關係密切。由他擔任會長的香港地產建築商會，經營著香港 70%的建築生意。

霍英東向自己提問，成就了成功創富的大業，值得我們學習和借

鑒。任何剛開始創業的人，都要養成最有價值的習慣——在下決心之前，一定要對自己多發問，注意整理自己的思路。這可以讓人有一次機會，來合理地整理自己的思緒，或回想自己為什麼或怎樣會有這種決定。這個過程雖然看起來簡單，但卻在處理難題的實際情況中往往會收到奇效。這有點像世界上某些最佳演員所養成的習慣一樣，雖然他們可能對所扮演的角色已經熟透了，但是在開幕之前，仍會迅速地把劇本或他們自己的那部分台詞過一遍。

一個很成功的推銷員曾這樣說：他的成功源於他頗為自豪的習慣，而他的習慣就是：勤於思考，多問自己幾個「為什麼」。

「我甚至還想出一個祕訣來養成這個習慣。」他說，「去拜訪顧客之前，我一定要先靜下心，喝杯咖啡，擦擦皮鞋。這樣一來，在我真正踏入顧客辦公室之前，我有一個最後思索的機會——如何表現自己。所得到的效果好極了！除了能從容地應付對方所提的問題外，還使我推銷了很多的東西。」

所以我們說，無論所作決定重大與否，一定要在此之前給自己以思考的時間，多對自己發問。

一個人只有不斷地向自己提問，養成這樣一種習慣不僅發現問題，還要提出問題、思考問題，只有這樣的人才能解決問題，才能在將來的發展中減少問題。

積極思考是現代成功學非常強調的一種智慧力量，如果做一件事不經過思考就去做，那肯定是魯莽的，也是會撞牆的，除非你特別的幸運。但幸運並不是時時光顧的，所以，最保險的辦法是三思而後行。

拒絕白目溝通

簡單複製成功

第五章
滴水含光，成大事一定要注重細節

　　老子曾說過：「圖難於其易，為大於其細。天下難事必作於易，天下大事必作於細。是以聖人終不為大，故能成其大。」對個人而言，危機往往是在不經意間累積的，成功也是由許多細節累積而成的。在很多時候，一個人的成敗就取決於某個不為人知的細節。

1 把握細節，將百分之一的運氣變為百分之百的財氣

古人云，勿以善小而不為，勿以惡小而為之。有做小事的精神，才能產生做大事的氣魄。

許多年前，一個妙齡少女來到一家飯店當服務生。這是她涉世之初的第一份工作。也就是說，她將在這裡正式步入社會，邁出她人生第一步。因此，她很激動，並暗下決心：一定要好好幹！不過令她沒有想到的是——上司安排她洗廁所！

可想而知，洗廁所！沒有人喜歡幹，更何況她從未幹過粗重的活兒，細皮嫩肉，喜愛潔淨，幹得了嗎？洗廁所是在視覺上、嗅覺上以及體力上都會使她難以承受，心理暗示的作用更是使她忍受不了。當她用自己白皙細嫩的手拿著抹布伸向馬桶時，胃裡立馬「造反」，翻江倒海，噁心得幾乎嘔吐出來，而上司對她的工作品質要求特高：必須把馬桶抹洗得光潔如新！

她當然明白「光潔如新」的含義是什麼，她當然更知道自己不適應洗廁所這一工作，真的難以實現「光潔如新」這一高標準的品質要求。因此，她陷入困惑、苦惱之中，也哭過鼻子。這時，她面臨著這人生第一步怎樣走下去的抉擇：是繼續幹下去，還是另謀職業？繼續幹下去——太難了！另謀職業——知難而退？人生之路豈有退堂鼓可打？她不甘心就這樣敗下陣來，因為她想起了自己初來時曾下過的決心：人生第一步一定要走好，馬虎不得！

正在此關鍵時刻，同單位一位前輩及時地出現在她面前，他幫她

擺脫了困惑、苦惱，幫她邁好這人生第一步，更重要的是幫她認清了人生路應該如何走。他並沒有用空洞的理論去說教，只是親自做個樣子給她看了一遍。

首先，他一遍遍地抹洗著馬桶，直到抹洗得光潔如新；然後，他從馬桶裡盛了一杯水，一飲而盡喝了下去！竟然毫不勉強。實際行動勝過萬語千言，他不用一言一語就告訴了少女一個極為樸素、極為簡單的真理：光潔如新，要點在於「新」，新則不髒，因為不會有人認為新馬桶髒，也因為馬桶中的水是不髒的，是可以喝的；反過來講，只有馬桶中的水達到可以喝的潔淨程度，才算是把馬桶抹洗得「光潔如新」了，而這一點已被證明可以辦得到。

同時，他送給她一個含蓄的、富有深意的微笑，送給她一束關注的、鼓勵的目光。這已經夠用了，因為她早已激動得幾乎不能自持，從身體到靈魂都在震顫。她目瞪口呆，熱淚盈眶，恍然大悟，如夢初醒，她痛下決心：「就算一生洗廁所，也要做一名洗廁所最出色的人！」

從此，她成為一個全新的、振奮的人，她的工作品質也達到了那位前輩的高水準，她漂亮地邁出了人生第一步。光陰荏苒，後來，她成了日本政府的郵政大臣，她的名字叫野田聖子。

如果不是有名有姓確有其人，我會僅僅把它當做傳奇故事。震驚之餘，我對故事裡的人物肅然起敬。他們真了不起，能把一件小事做得如此漂亮。也只有這樣的人才能擔當大任。

人生價值真正的偉大之處在於平凡，真正的崇高之處在於普通。成功者與一般人最大的不同，就是他願意做別人不願意做的事情。別人不願意端茶倒水，你就要更加端出水準；別人不願意洗刷馬桶，你就要更加洗刷得明亮；別人不願意操練，你就要更加自我操練；別人不願意做準備，你就多做準備；別人不願意付出，你就多付出……只

拒絕白目溝通
簡單複製成功

要每一件別人不願意做的小事你都願意多做一點，那麼，即使你是一個窮人，你成功的機會也會更多一些。

實現成功的唯一方法，就是在做事的時候，抱著非做成不可的決心，抱著追求盡善盡美的態度。只有這樣的人，才能扛著進步的大旗，創造自己的人生價值。

2 到新公司要注意的細節

人的第一印象是強烈而深刻的，一旦形成不好的印象在日後就不那麼容易改變了。到新的公司後，如何順利完成角色的轉換，較快適應新環境，相信是每一位跳槽者都在思考的問題。

初來乍到，剛到一個新公司上班，意味著一切從頭開始。在新公司能不能站住腳，關鍵看你能不能注意到以下的細節：

（1）認真瞭解企業文化

每家公司必然都有著諸多成文的和不成文的規則，一般來說，這些規則是企業文化的精髓與靈魂所在。因此，要想快速融入新環境，並能左右逢源，如魚得水，這些規則你不僅要理會，而且要瞭若指掌，爛熟於心。當然，有些規則並非你一眼能洞穿的，因此在平日裡，你還得多留個心眼。有一點一定要注意：千萬莫逞英雄，天真地認為這樣不對那樣不對，否則，你只會成為「除舊革新」的殉葬品。

（2）研究身邊每一張面孔

常言道「林子大了，什麼鳥都有。」當你從一個熟悉的圈子，忽然跳入另一個完全陌生的圈子，面對的是一張張或深沉或狂傲或高深莫測的臉。你要用心研究，仔細琢磨，瞭解他們的性格、人際關係、工作能力等。俗話說「知己知彼，百戰不殆」，唯有如此，你才能儘快融進這家公司。

（3）不用害怕說「我不懂」

每家公司都有各自的特點及運營體制，某些方面你不甚明瞭，實屬正常。初到單位，你要督促自己迅速進入角色，千萬別以為自己是新人便等著別人手把手地教你做事。遇到問題時，向有經驗的人討教：

121

「我想知道這種事情通常如何處理？」、「您看我這樣做行不行？」哪怕你請教的是一個沒多高學歷的人，也極為正常，畢竟人家有寶貴的經驗，這值得你學習。況且，虛心好學是優點，切記別不懂裝懂。

（4）多做事，少說話

飲水機沒水了，主動給送水公司打個電話；影印機沒紙了，你主動加上；地面髒了，你主動清理一下……多做點這類雞毛蒜皮的小事並非「大材小用」，它往往最能給人留下好印象。另外，莫做「大嘴巴」，當身邊一些「多舌嘴」與你嘮叨時，最好還是閉嘴為妙。免得捲入是非旋渦、得罪他人，或者貽笑大方。

（5）過度積極也會錯

誰都希望自己能給上司留下一個好印象，這無可厚非，只不過在實現這一目標的過程中，你莫忘了過猶不及。積極表現有時也會錯。比如，你每天提前 20 分鐘到辦公室裝水、打掃，久而久之，別人認為你那樣做事理所當然的，是你分內的事兒。如果某天你突然不再那麼做了，人家就會覺得很不習慣，認為你失職了，進而對你指手畫腳、說三道四。所以積極做事，也得講分寸。

（6）絕對遵守工作紀律

各個公司因行業差異，紀律也不同。作為新人的你，對這些紀律你必須絕對遵守。例如，對私人朋友來訪，很多公司都專門設有會談室，通常不允許客人進入到工作區。而且，在時間方面也有著較為嚴格的規定，一般只允許客人進入到工作區。而且，在時間方面也有著較為嚴格的規定，一般只允許在休息時間接待這類來訪，並且要求盡可能的簡短。再如，公司對紙張的使用都有著嚴格的規定，如，打印紙的反面可再行利用，如果用過一面的紙張不便於再用作列印或複印，可以簡單裝訂起來作為草稿紙，不可隨意廢棄。還有，一般說來每個

人的辦公桌上都安有電話，而且因為業務需要通常都開通了國內、國際長途。但仍有一些公司在走廊或休息區專門設置了供員工撥打私人電話的投幣電話，目的是讓那個大家明白，公司電話僅僅是用於公司業務用途，而不可以隨意聊天或處理私人事務。也許並沒有人因你一兩次違規而指責你，但是老闆的眼睛是雪亮的。如果莫名其妙地栽在這類事情上，後悔就晚了。

正是這些瑣碎的小事，決定著你是否能夠很快地融入新公司。幾乎每一家公司都是這樣，即除了看員工的工作效率外，對其職業素養也十分注重。與企業選拔人才時一樣，在受到裁員危機的波及時，職業素養是不是很好往往也是裁員的標準之一。職業素養不是很好的人，其職位隨時可以被其他有能力和素養都較好的甚至是在其他職業素養上優秀的人所取代，更不用說對於一個新員工了。

金無足赤，人無完人。我們每個人都會有這樣那樣的不足。有不足本身問題並不大，怕就怕有些問題自己根本認識不到，結果自己的前途就在無意識中給毀了。職業素養體現在一個人的工作習慣、工作態度、工作方法、待人接物等諸多方面，上文提到的只是其中的一點點表現而已。對於不同類別的職業人而言，職業素養表現在不同的方面。只有注意到方方面面，在小事上下工夫，才能贏得老闆的欣賞，從而迅速地在新公司中立足並佔有一席之地。

要想融入新公司不是一朝一夕的事，你應從平時的點滴小事做起，把小事做好，把細事做精。並且要謹記：做人不貪大，做事不計小。

3 細節決定成敗

中國有句名言，「細微之處見精神」。一次宏偉的戰役、一次重要的推銷活動、一個富有新意的創意、一個人應聘能否成功，都與細節有很大的關係。沒有細，體現不出嚴格要求；沒有細，做不到深入實際；沒有細，工作的落實就到不了位。

有一位青年，在美國某石油公司工作。他的學歷並不高，也沒有什麼特別的技術，他在公司做的工作，就是巡視並確認石油罐蓋有沒有自動焊接好。

石油罐在輸送帶上移動至旋轉台上，焊接劑便自動滴下，沿著蓋子回轉一圈，作業就算結束。他每天如此，反覆好幾百次地注視著這種作業。

沒幾天，他便開始對這項工作厭煩了，很想改行，但又找不到其他工作。他想，要使這項工作有所突破，就必須自己找些事做。因此，他便集中精神觀察這焊接工作。

他發現罐子每旋轉一次，焊接劑滴落 39 滴，焊接工作便結束。他努力思考：在一連串的焊接中，有沒有什麼可以改善的地方。

他突然想：如果能將焊接劑減少一兩滴，是不是能夠節省成本？

於是，他經過一番研究，終於研製出「37 滴型」焊接機。但是，利用這種機器焊接出來的石油罐，偶爾會漏油，並不實用。他不灰心，又研製出「38 滴型」焊接機。這次的發明非常完美，公司對他的評價很高。不久便生產出這種機器，改用新的焊接方式。

雖然節省的只是一滴焊接劑，但「一滴」卻替公司帶來了每年 5 億美元的新利潤。

這位青年，就是後來掌握全美制油業 95% 實權的石油大王洛克菲勒。

「改良焊接機」改變了洛克菲勒的人生。

如果回顧一下當今世界有成就的人的歷史，就會發現他們中絕大多數人都有獨特的視角，能夠發現那些別人不曾注意的細節，同時他們都有無限的勇氣，敢於去想別人不敢想的，敢於堅持自己的想法和觀點，並最終獲得成功。

「把每一件簡單的事都做好就是不簡單。」這是對待工作的態度問題，在工作中，沒有任何一件事是可拋棄的，沒有任何一個細節應該被忽略。從細節做起，逐漸鍛鍊意志，增長智慧，日後才能有所成就，而眼高手低者是永遠做不成大事的。

實際工作中，有很多人會輕視工作、馬馬虎虎、對工作不盡職盡責，甚至敷衍了事，這樣是決不能有所成績的。

要把工作做好，出色地完成，就要充滿熱情地對待生活中的細小事情，把日常工作中的細節做好，才能漸漸取得成績，並走向成功。

海爾總裁張瑞敏先生在比較中日公司員工的認真精神時曾說：「如果讓一個日本員工每天擦桌子六次，日本員工會不折不扣地執行，每天都會堅持擦六次。可是，如果讓一個中國員工去做，那麼他在第一天可能會擦六遍，第二天可能也會擦六遍，但到第三天可能就只會擦五次、四次、三次，到後來就不了了之了。」有鑑於此，他表示，把每一次簡單的事做好就是不簡單，把每一件平凡的事做好就是不平凡。許多企業能夠取得成功，很大原因就體現在對細節的重視上。而有些大企業在叱吒風雲幾年以後，便轟然倒塌、灰飛煙滅了，往往也是敗在細節上。

由此看來，細節是多麼的重要。做任何事情，如果對細節的把握

不到位，就不能稱之為一件好「作品」，甚至會由於某一個細節的疏忽而毀壞你完美的規劃。滿足於「大概」、「也許」、「好像」、「恐怕」、「可能」、「差不多」，就難以做好工作。

　　有些小細節，因為它很「小」，往往不會引起別人的重視，認為這些沒什麼大不了，其實，這些小細節往往是關鍵所在，你做好了，成功也就到了。聰明人善於從「小」做起，實現創新，從而在根本上解決了大問題。注重細節，促使事業成功。

4 資訊就是細節

很多經營者們喜歡在咖啡館、餐館獲得資訊。一些公司的經理們都習慣於在餐館一邊吃午餐一邊閒聊，這種形式也有利於交流資訊、收集情報。

世界「假髮之父」、香港富豪劉文漢，就是靠餐桌上的一句話獲得資訊發家的。「細節」只有在你進行分析和篩選的時候才能給你資訊。三菱公司通過分析薩伊發生叛亂（這在非洲來說就像家常便飯一樣）這一細節，預測出世界銅供應將會緊張，買進大批銅後，從中大賺了一筆。反之，如果你不加以分析匯總，「細節」就會從你的眼皮底下溜走。如果你能調動起來經常活躍在用戶周圍的推銷員和市場調研者的情報意識、細節意識，就可能比其他企業更早獲取有價值的情報。

金娜嬌，京都龍衣鳳裙集團公司總經理，下轄九個實力雄厚的企業，總資產已超過億元。她的傳奇人生在於她由一名曾經遁跡空門、臥於青燈古佛旁、皈依釋家的尼姑而涉足商界。

幾年前，金娜嬌代表某服裝集團在上海舉行了隆重的新聞發佈會，在返途的回程列車上，她獲得了一條不可多得的資訊。

在和同車廂乘客的閒聊中，金娜嬌無意得知清朝末年一位員外的夫人有一身衣裙，分別用白色和天藍色真絲縫製，白色上衣繡了 100 條大小不同、形態各異的金龍，長裙上繡了 100 只色彩絢爛、展翅欲飛的鳳凰，被稱為「龍衣鳳裙」。金娜嬌聽後欣喜若狂，一打聽，得知員外夫人依然健在，那套龍衣鳳裙就珍藏在她身邊。虛心求教一番後，金娜嬌得到了「員外夫人」的詳細住址。

拒絕白目溝通
簡單複製成功

這個意外的消息對一般人而言，頂多不過是茶餘飯後的談資罷了，有誰會想到那件舊衣服還有多大的價值呢？知道那件「龍衣鳳裙」的人肯定很多很多，但究竟為什麼只有金娜嬌才與之有緣呢？用上帝偏愛金娜嬌來解釋顯然沒有道理。重要的在於她「懂行」，在於她對服裝的潛心研究，在於她對服裝新品種的渴求，在於她能夠立刻付諸行動。

金娜嬌得到這條資訊後「心更明」、「眼更亮」了，她馬上改變返程的主意，馬不停蹄地找到那位年近百歲的員外夫人。作為時裝專家，當金娜嬌看到那套色澤豔麗、精工繡制的龍衣鳳裙時，也被驚呆了。她敏銳地感覺到這種款式的服裝大有潛力可挖。

於是，金娜嬌來了個「海底撈月」，毫不猶豫地以 5 萬元的高價買下這套稀世罕見的衣裙。機會抓到了一半，開端比較運氣、比較順利。

把機遇變為現實的關鍵在於開發出新式服裝。回到廠裡，她立即選取上等絲綢面料，聘請蘇繡、湘繡工人，在那套龍衣鳳裙的款式上融進現代時裝的風韻。工夫不負有心人，歷時一年，設計並試製成當代的龍衣風裙。

在廣交會的時裝展覽會上，「龍衣鳳裙」一炮打響，客商潮水般湧來訂貨，訂貨額高達兩億元。

就這樣，金娜嬌從「海底」撈起一輪「月亮」，她成功了！她從中國古典服裝出發開發出現代型新式服裝，最終把一個「道聽塗說」的消息變成一個廣闊的市場。

要培養敏銳的洞察力，就需要我們平日多加留心身邊的各種事物。而且光有資訊是不夠的，還要對資訊進行具體的分析，這樣才能得出正確的結論，做出正確的抉擇。如果有了資訊而不對它進行仔細地分

析研究，那麼資訊始終是一些粗略的表面現象，你也就永遠無法觸及實質。因此，在我們通過觀察獲得資訊之後，要充分發揮自己的主觀能動性，對表面的現象進行深刻、仔細的研究分析，把握實質性的東西。

許許多多的細節也許很不起眼，但綜合起來利用卻是一種無形的財富。細節越細，資訊價值就越大。

出任伊萊克斯董事長兼總經理的艾柯，著手的第一件事就是加強企業的資訊調研部門。他先組建了一個有 20 人的市場調查組，後來又將其擴充到近 50 人。調查組通過各種資訊管道，運用先進的資訊技術手段，針對市場動態、消費趨向、顧客偏好、價格波動和家庭結構變化等與市場銷售有關的大量細節，進行了廣泛深入地調查分析，為生產決策提供資訊依據。如，伊萊克斯進入空調業，首先把目標放在了「精英行銷」上：伊萊克斯的終端銷售別出心裁，只選擇銷售潛力好的賣場；其次，不擴大庫存「虛報」銷量，應收賬款只有 5%，資金一年可周轉 10 次；最後，產品組合的毛利很高，同時實現銷售最大化和利潤最大化。另外，伊萊克斯把產品分成三類，即形象產品、利潤產品和走量產品。研究每個店的消費群及這個消費群的消費習慣和消費水準，再根據實際成本應用專門軟體，拿出一套最好的產品組合方案。此舉使伊萊克斯擁有了自己的一方天空。

由此可知，企業的重大決策，如經營目標、經營方針、管理體制等，都要進行形勢分析、方案比較，從而選擇最優決策。這些問題都要以「資訊」為基礎，而注重「細節」的目的則是為了篩選資訊、集思廣益，以減少決策的不確定性和盲目性。

注重細節，資訊則準確；忽視細節，資訊則盲目。在當前的市場競爭環境下，企業只有不斷從各種細節上捕捉資訊，一葉知秋，才能

拒絕白目溝通
簡單複製成功

抓住機會，創造有利戰機。

5 不用錢財照樣收攏下屬的心

人不單單需要物質，有時還需要精神，這就是人與動物的區別。所以從古到今，凡大政治家或事業上的成功者無不把精神獎勵當作激勵下屬的重要手段。

唐肅宗曾問功臣李泌：「將來天下平定，你打算要什麼封賞？」

李泌說：「只要能枕在陛下的大腿上睡一覺就心滿意足了。」肅宗聽後大笑。後來，肅宗駕臨保定，李泌像往常一樣，為肅宗打點好行宮，因久等肅宗不到，就先躺在自己的床上睡著了。等他醒來睜眼一看，自己居然枕在肅宗的大腿上。李泌大吃一驚，連忙跪地謝罪，肅宗攬住李泌笑問道：「現在愛卿的願望已經實現了，天下何時才得平定？」原來，肅宗到來時，見李泌正在酣睡，就悄悄爬上床，把李泌的頭輕輕放在自己的大腿上。

可見，肅宗以一條大腿付出的片刻之勞，令功臣感激涕零，效生死之勞，這樣的做法堪稱收攏人心的典範。

古時如此，現今的領導讚揚下屬也有自己的一套規則。為了更好地調動其積極性、激發員工的熱情和幹勁，不光說一些漂亮話，還配合實際行動，不失時機地顯示對下屬的關心和體貼，這無疑是對下屬的最高讚賞，這種工作中的細節可以在下列場合中收到最好的效果。

（1）記住下屬的生日，在他生日時向他祝賀

現代人都習慣祝賀生日，生日這一天，一般都有家人或知心朋友在一起慶祝，聰明的領導則會「見縫插針」，使自己成為慶祝的一員。有些領導慣用此招，每次都能給下屬留下難忘的印象。或許下屬當時體味不出來，而一旦換了領導有了差異，他自然而然地會想到你。

　　給下屬慶祝生日，可以發點獎金、買個蛋糕、請頓飯、甚至送一束花，效果都很好，乘機獻上幾句讚揚和助興的話，更能起到錦上添花的效果。

（2）下屬生病住院時，領導一定要親自探望

　　一位普普通通的下屬住院了，領導親自去探望時，說出了心裡話：「平時你在的時候感覺不出來你做了多少貢獻，現在沒有你在崗上，就感覺工作沒了頭緒、慌了手腳。安心把病養好！」

　　有的領導就不注重探望下屬，其實下屬此時是「身在曹營心在漢」，雖然住在醫院裡，卻惦記著領導是否會來看看自己，如果領導不來，對他來說簡直是不亞於一次打擊，不免會嘀咕：「平時我幹了好事他只會沒心沒肺地假裝表揚一番，現在我死了他也不會放在心上，真是沒良心的傢伙！」

（3）關心下屬的家庭和生活

　　家庭幸福和睦、生活寬鬆富裕無疑是下屬幹好工作的保障。如果下屬家裡出了事情，或者很拮据，領導卻視而不見，那麼對下屬再好的讚美也無異於是假惺惺。

　　有一個文化公司，職員和領導大部分都是單身漢或家在外地，就是這些人憑著滿腔熱情和辛勤的努力把公司經營得蒸蒸日上。該公司的領導很高興也很滿意，他們沒有限於滔滔不絕、唾沫橫飛的口頭表揚，而是注意到職工們沒有條件在家做飯，吃飯很不方便的困難，就自辦了一個小食堂，解除了職工的後顧之憂。

　　當職工們吃著公司小食堂美味的飯菜時，能不意識到這是領導為他們著想嗎？能不感激領導的愛護和關心嗎？

（4）抓住歡迎和送別的機會表達對下屬的讚美

　　調換下屬是常常碰到的事情，粗心的領導總認為，不就是來個新

手或走個老部下嗎?來去自由,願來就來,願走就走。這種思想很不可取。

善於體貼和關心下屬的領導與口頭上的「巨人」做法也截然不同。當下屬來報到上班的第一天,口頭上的「巨人」也會過來招呼一下:

「小李,你是高材生,來我們這裡虧待不了你,好好把辦公用具收拾一下準備上馬!」

而聰明的領導則會悄悄地把新下屬的辦公桌椅和其他用具收拾好,而後才說:

「小李,大家都很歡迎你來和我們同甘共苦,辦公用品都給你準備齊全了,你看看還需要什麼儘管提出來。」

同樣的歡迎,一個空洞無物,華而不實;另一個卻沒有任何恭維之詞,但領導的欣賞早已落實在無聲的行動上,孰高孰低一目了然。

下屬調走也是一樣,彼此相處已久,疙疙瘩瘩的事肯定不少,此時用語言表達領導的挽留之情很不到位,也不恰當。而沒走的下屬又都在眼睜睜地看著要走的下屬,心裡不免想著或許自己也有這麼一天,領導該怎樣評價他呢?此時領導如果高明,不妨做一兩件讓對方滿意的事情以表達惜別之情。

領導不失時機地對下屬顯示你的關心和體貼,無疑是對下級的最高讚賞,這種工作中的細節可以收到最好的效果。

6 細節描寫讓廣告如虎添翼

我們中國人有句老話：酒香不怕巷子深。但是現在，好酒也怕巷子深，因為沒有人知道深巷裡面還有這麼一家酒館。所以，資訊時代，就是要通過信息交流，實現自己的目的。經濟資訊就是做廣告，一則好廣告就能夠打動消費者，實現推銷商品的目的。

某縣城南大街新開了一家飲食店，掛牌「味正小吃店」，店主是一對從農村來的小夫妻。開張這天，小倆口把店面裝修得體體面面，包子饅頭做得實實在在，開張儀式也搞得有模有樣。可是，他們初來乍到，既無熟人又沒有老顧客，連夜趕做出來的雪白噴香的包子、饅頭、擺出來時，堆得像一座小山，過了一個時辰，仍然是小山一座。

這可急壞了店老闆，愁壞了老闆娘。俗話說：「開業大吉。」沒想到開業第一天，就熱心腸遇上了冷面孔。

就在老闆和老闆娘坐立不安的時候，遠遠地走來了一個小夥子，一看就是一個白面書生。但見小夥子一隻手拿著幾張毛票，一隻手舉著一本書，邊走邊讀，正向他們這個小吃店慢慢走來。

小倆口看見來了位顧客，仿佛喜從天降，不約而同起身相迎，一個笑容可掬，一個面若桃花，齊聲道：「你是我們開張以來的第一個顧客，為了圖個吉利，我們對你免費供應，你儘管吃個飽。」說完，老闆娘還泡了一杯茶遞過來，供小夥子享用。

小夥子也不多說話，邊吃邊喝，吃飽了，喝足了，起身付錢要走。小倆口死活不肯收，推推搡搡，弄得小夥子耳根通紅，挺不好意思。老闆執意不收錢，小夥子沒辦法，只好收起錢，掃了一眼店容說：「老闆和老闆娘如此熱情，我也就不客氣了。不過，常言道『無功不受祿』，

你們看，我能幫你們做點什麼呢？」

小倆口一聽，不禁覺得好笑——你這個肩不能挑、手不能提、小麥當韭菜、稗子當秧苗的窮酸書生，還能幫我們做什麼呢？但轉念一想，不對。俗話說：「有智吃智，無智吃力。」不可小看人家，興許他還真能助我們一臂之力哩！

老闆瞅瞅堆得像小山似的包子、饅頭，對老闆娘眨了眨眼。老闆娘立即心領神會，便對小夥子開口道：「小哥哥，你這麼熱心腸，我們就不怕在你面前獻醜了。我們剛來城裡開店，人生地不熟，沒有人捧場……」老闆接過話頭說：「貨真價實，薄利多銷，是本店的宗旨。可是你看，今天開張以來，你是我們唯一的顧客。你是城裡人，人熟路廣，能幫我們招徠幾位顧客，撐撐門面嗎？今天有了顧客，吃了我們的包子、饅頭，明天我們就不愁沒人替我們宣傳了。」

小夥子一聽，皺起眉頭想了想，然後笑道：「這不過是小事一椿，我答應了。給我拿筆紙來，我給你們寫個告示貼上就行了。」小倆口見小夥子答應幫忙，高興的眉飛色舞，等到知道這個小夥子只不過是幫忙寫一張告示，頓時又像臘月天落進了冰窟窿。心想：開業廣告我們貼了，開門鞭炮我們放了，過路人都視而不見，充耳不聞，你再寫一張什麼告示，還不是貓幫狗咬月亮——白費了口舌？不過，既然開口求人家，人家好心答應幫忙，總不好改口反悔吧。於是，老闆備好了紅紙和筆墨，心理嘀咕道：死馬權當活馬醫吧。

小倆口見小夥子正埋頭寫呢，也就忙自己的事去了。小夥子寫好告示，將告示貼在店門旁邊，悄悄地離去了。

不料，小夥子才走後不久，顧客就一個接一個來了。起初，還像小魚上水，後來，簡直就如螞蟻搬家，成群結隊了。

兩個時辰不到，包子山、饅頭山就被搬得一乾二淨。小倆口樂得

拒絕白目溝通
簡單複製成功

合不攏嘴，懷疑自己遇到了活神仙。

小倆口賣完了包子、饅頭，閑著沒事，就好奇地來到門口，想看看小夥子到底是寫了什麼告示。他倆一字一句的讀完了，不禁同時笑了起來。

原來，告示上面寫道——

各位顧客：

本店今日逢吉開張，昨夜由於緊張忙亂，老闆娘不慎將一枚24K金戒掉揉進了麵粉，找了好久，沒有找出來，敬請各位顧客食用本店包子、饅頭時務必小心注意，如果顧客吃進肚子造成事故，本店負責承擔一切費用；如果哪位顧客發現了戒指，沒有食下造成麻煩，此枚戒指我們權當禮物相送，不必歸還，以圖開張大吉。特此告示。

味正小吃店店主

老闆娘看完告示，忽然歎道：「今天的包子、饅頭是賣完了，可這是『騙』來的，日後人家還會來咱店買嗎？老闆自信地說：」酒香不怕巷子深，咱們的包子、饅頭貨真價實味道好，不愁沒人吃！這世界，好貨也得先想辦法讓大家知道才行……」

「噢……」老闆娘若有所思地望著老公，像品味著包子餡似的。

人們習慣上說，「是金子放在哪裡都發光」，這話其實對那些不得志、未受重用的人是一種勉勵、寬慰。試想，金子被掩埋在灰土裡，它怎麼會發光？包子再好，如果沒有人買，也不是一樣沒有出路嗎？這個故事裡，小夥子運用的點子之所以成功，是基於人們對「利」的喜好和追逐——「利而誘之」。「利而誘之」，再加上「攻其不備，出其不意」，這就「絕」了！「攻其不備，出其不意」被稱作商戰的最高計謀，用於賣包子、饅頭之類的小事，當然也就不在話下了。

當今社會是一個資訊化時代，人與人之間就是要通過資訊交流，

實現自己的目的。其中，經濟資訊就是做廣告，一則好廣告就能夠打動消費者，實現推銷商品的目的。

7 用好細節這個杠杆

所謂細節，就是細小的環節或情節，通俗的講，就是細枝末節。傳統思想一貫認為細節並不重要，也有成大事者不拘小節之說。廚藝中「放鹽、味精少許」，就是最典型的東方人的操作習慣和特徵。

但英國有首歌謠，說明了忽略細節所帶來的致命傷害：「因為一個馬釘，損失一個馬蹄；因為一個馬蹄，損失一匹戰馬；因為一匹戰馬，損失一名將軍；因為一名將軍，損失一場戰爭……」一個鐵釘微乎其微，但它出了差錯就可能使一匹馬的馬蹄鐵掌鬆動，鐵掌鬆動就可能使一匹戰馬摔倒，一匹戰馬摔倒就可能使一個將軍喪命，一個將軍喪命就可能使一個軍隊失敗，一個軍隊失敗就可能使一個國家滅亡。

因此，注重細節往往能夠促成大事。看不到細節，或者不把細節當回事的人，對工作缺乏認真的態度，對事情只能是敷衍了事，他們只能永遠做別人分配給他們做的工作，甚至是即使這樣也不能把事情做好。反之，注重細節的人，不僅能將小事做好，而且注重在做事的細節中找到機會，從而使自己走上成功之路。

有一個叫莫克的 18 歲小夥子，剛從菲力浦斯學院畢業，是美國新英格蘭地區的一個窮牧師的兒子，正處在人生事業的起步階段。當時，莫克還是一個辦公室的打雜人員，是替一位叫伯蘭克的經紀人做些雜務性工作，一星期掙 15 美元工錢。他的領導看他是個勤快可愛的小夥子，便給了他一個去銷售鐵路債券的機會。

於是，小夥子便尋找機會與紐約銀行行長摩西‧泰勒搭腔賣一些公債給他。他知道這位行長對這條鐵路非常感興趣。

他是怎樣把這些債券賣給那位行長的呢？

　　莫克自己這樣記載道：「當我走到他的辦公桌前時，他正對一個喋喋不休的人不耐煩地說道：『講到正題上來，講到正題上來。』過了一會兒，他搖著頭把那人趕了出去。接下來，他向我點了點頭，示意我過去。我走過去把債券放到他的桌子上，說道：『97。』泰勒先生很奇怪地看了我一會兒，然後把他的支票簿拿了過去，問道：『寫誰的名字？』『伯蘭克先生！』簽好了支票後，他又問道：『伯蘭克先生給你多少回扣？』『025％。』『這太少了，讓他給你1％的回扣，如果他不照這個數目付給你，就由我來代他付。』」

　　莫克就這樣成功地賣掉了他的債券，而比這更為重要的收穫是，他同時得到了那個行長的注意，為贏得與這位重要人物的友誼奠定了堅實的基礎。

　　莫克正是憑藉其敏銳的眼光，看出了這位偉大的銀行家有一副很細微、有時脾氣卻也很急躁的性格，所以他猜定泰勒必定喜歡簡潔的語言，對繁文縟節異常反感。後來莫克與泰勒交談時，就完全以極為簡潔的談話打動他，絕不說絲毫的廢話。這果然很合泰勒的脾氣。他後來還繼續向這個年輕人購買債券，並在許多別的事情上給予了他幫助。因此，莫克在 30 歲時就成為了一名百萬富翁。

　　莫克的成功，在於他很早就已懂得了「從細節中取勝」這一策略的重要性。當然，這種洞察人心的功夫不是一朝一夕能夠練就的，需要長期的累積，需要在注重對細節的觀察中不斷地訓練和提高。成功者的共同特點就是能做小事情，能夠抓住生活中的一些細節。不論什麼事，實際上都是由一些細節組成的。

　　托爾斯泰說：「使人疲憊的不是遠方的高山，而是鞋裡的一粒沙子。」這粒沙子雖小，卻足以敗壞你的情緒，影響你的進程，甚至左右你的命運。而低下的道德、浮躁馬虎的個性、笨拙的處世方法等就

如同這粒沙子。有時，它雖然只出現一時，卻會影響你一世。所以，我們「勿以善小而不為，勿以惡小而為之」，必須謹記「太多的小毛病往往使人平庸一輩子」、「忽視細節，錯失良機」的訓誡。

一位姓于的商人去泰國旅遊，下飛機後下榻到當地的泰國飯店休息。

休息了一夜後，第二天早晨，當他走出房間，猛然間聽到一位女士與他打招呼：「早上好，于先生。」

聽到有人說話，于先生很是納悶，回頭一看，哦，原來是一位服務小姐。於是他走過去問這位小姐：「你怎麼知道我姓于呢？」

這位小姐回答說：「我們飯店在您下來的時候已經用對講機通知說您已經下來了。」于先生看了看她腰上掛著的對講機，明白了原因。

然後這位小姐非常有禮貌地將于先生帶到餐廳用餐，到了餐廳後，所有的服務人員也都親切的稱呼他「于先生」，這讓于先生心裡感到十分愜意。

菜上齊了，于先生看到一道菜的正中間放著一個紅色的東西，於是他問小姐：「這是什麼？」站在一旁的小姐向前邁了一步，看了看，然後又退回原來的地方給予了回答，接著，于先生又問：「為什麼這個是紅色的，而不是其他顏色呢？」這位小姐又在原地點向前了一步，看了看，然後又退回原來地方回答了于先生的問題。

于先生注意到了這位小姐在這一瞬間的服務細節，小姐先向後退再回答于先生問題，是為了防止口水濺到顧客的菜裡。

時間到了，于先生要退房離開時，服務人員說：「謝謝您的光臨，歡迎您第七次光臨我們飯店。」這句話使于先生猛然間意識到，原來自己已經來這裡六次了。

時間過的很快，幾年後，于先生再次來到這家泰國飯店入住。偶

然間，他收到了一張生日賀卡，上面寫道：親愛的于先生，兩年前的 4 月 16 日，您離開了我們飯店，直到現在我們又見到了您的身影，在您離開的這段時間裡，我們非常想念您，今天是您的生日，我們大家祝您生日快樂！看了這張讓人感到溫馨的賀卡，于先生才意識到原來今天是自己的生日。這家飯店的細緻而周到的服務，使于先生感到非常愜意。那麼可想而知，不僅僅是于先生，其他顧客也一定有與于先生同樣的感受。

這家飯店的服務理念讓所有光臨這家飯店的顧客都感到非常舒適。不僅服務生，連為顧客預定機票的小姐亦是如此，每次于先生坐飛機去曼谷時，他的座位總是在右邊視窗，而返回時，他的座位又總是在左邊視窗，面於這種情況，于先生很是納悶，於是他向這位小姐問了原因，這位小姐笑容可掬地回答說：「沙梅島是我們這的一大景點，很多顧客都喜歡觀看，在我們來曼谷時，沙梅島在您的右邊，而返回時沙梅島又在您的左邊。所以我根據飛機往返時沙梅島的位置替您訂了機票。」

這僅僅是一件很小很小的事情，但是它充分反映了這家公司對細節的重視程度，通過一個個細小的細節挖掘到了人性內心深處的渴望，所以很容易贏得了顧客的心，贏得了顧客的信賴，也贏得了顧客的多次光顧。

細節決定成敗，正如麥當勞總裁所說的：「我們的成功表明，我們的競爭者的管理層對下層的介入未能堅持下去，他們缺乏對細節的深層關注。」是的，一個成功的企業應當懂得如何抓住細節做事，這才是成功的關鍵。

在現代商業競爭中，抓住機會就是成功的條件之一，而沒有具備見微知著、敏銳判斷能力的人，就不能抓住機會，更別說獲得成功。

拒絕白目溝通
簡單複製成功

甚至可以說，所謂的機會，就是「細節」，越是留心於細微之處，獲取成功的機會也就越多。

8 細節影響個人前途

世紀的競爭是「細節」的競爭。只有把每一個「細節」做好，做得與眾不同，才能在激烈的市場競爭中擁有競爭力，才能生存和發展。

把精力傾注於「細節」上，把握「細節」，以認真的態度做好每一件小事，這樣，對職場中的我們來說，才能把工作出色地完成，對公司來說，也才能贏得競爭優勢。

某公司聘用臨時職員，工作任務是為這家公司採購物品。招聘者經一番測試後，留下了一位年輕人和另外兩名優勝者。面試的最後一道題目是：假定公司派你到某工廠採購 2000 支鉛筆，你需要從公司帶去多少錢？

第一名應聘者的答案是 120 美元。主持人問他是怎麼計算的，他說，採購 2000 支鉛筆可能要 100 美元，其他雜用就算 20 美元吧。主持人未置可否。

第二名應聘者的答案是 110 美元。對此，他解釋說，2000 支鉛筆要 100 美元左右，另外，雜用可能需要 10 美元左右。主持人同樣沒有表態。

最後輪到這位年輕人，他的答案寫的是 11386 美元。他說：「鉛筆每支 5 美分，2000 支鉛筆是 100 美元，從公司到這個工廠，乘汽車來回票價是 48 美元；午餐費 2 美元，從工廠到汽車站約 08 公里，請搬運工人需用 15 美元，還有……因此，總費用為 11386 美元。」

主持人聽完，露出了會心的微笑。自然，這名年輕人被錄用了，他便是卡內基。

辦事仔細認真，態度嚴謹，是我們每個職場人士應該擁有的工作

拒絕白目溝通
簡單複製成功

理念。每一個想要有所成就，有所作為的人，都要從一件件平平常常、實實在在的小事做起，正所謂「千里之行，始於足下」。

做事即做人，一個行為不得體的人很難在工作中有卓越的表現。一個人要想獲得成功，僅靠淵博的知識是不夠的，你的一舉一動，一言一行，都可能左右著你未來的成就。

細節往往決定著一個人的成敗。因為，它是人們用來表現自己的一個工具。利用好了，可以給別人留下深刻的印象；利用不好，就會適得其反。所以，為人處世千萬不要小看了細節，記住：一個微不足道的動作，也能改變人的一生，這絕不是誇張，這樣的例子順手拈來：

有一天，有一個姓王的人去一家公司應聘，公司招聘一名行銷經理，年薪8萬。這位應聘的人，一路闖關，從近百位應聘者中脫穎而出，終獲總裁召見。當他飄飄然地走進總裁辦公室時，總裁並不在，只有一位年輕漂亮的女祕書洋溢著一臉職業性的微笑，對他說：「先生，您好，總裁不在，總裁讓您給他打個電話。」當他剛要用自己的手機時，卻看見總裁辦公桌上有兩部電話，就問那位祕書小姐：「我可以用用嗎？」

「可以。」女祕書依然微笑著。

他拿起桌上的電話，終於跟總裁聯繫上了。總裁在那端興奮地說：「小王啊，我看了你的簡歷，打聽了你的答辯情況，你的確很優秀，歡迎你加盟本公司。」他高興得心花怒放，第一個反應就是要將這個好消息和他的女友分享。一個月前，他的女友出差去了國外。他剛撥了手機，但又遲疑了：這可是國際長途啊！這時，他又看了看那兩部電話，忽然想到：自己都快是公司的人了，他們是大公司，不會在乎一點兒電話費吧？於是便拿起電話：「喂，妮妮嗎？告訴你一個好消息，總裁已經……」恰好在此時，另一部電話悄然響起。

「先生，您的電話。」女祕書帶著一臉詭祕的笑對他說。

「對不起，小王，剛才我的話宣佈作廢。通過 DVP 監控，你沒能闖過最後一關，實在抱歉⋯⋯」總裁在電話裡溫和地對他說。

「為什麼？」小王呆呆地問。

這時，那位女祕書惋惜地搖搖頭，歎道：「唉，許多人和您一樣，都忽略了一個微小的細節，在沒有成為公司正式員工之前，明明身上有手機，幹嘛不用手機呢？」

這些看似普普通通的，卻十分重要的事情往往會對最後的結果產生很大的影響。細節往往決定成敗，如果想要成功，那麼就一定要注意日常生活中的小事情。關注細節，就是留意身邊的小事情。

小事成就大事，細節成就完美。在小事上認真的人，做大事一定成績卓越。因為細節最能體現一個人的智慧和美德。注重細節，同時也是認真、敬業、忠誠、踏實、可信賴等等代名詞，無疑，這些都能幫我們獲取成功。

袁隆平研究雜交水稻，是從一株天然「野稗」研究起才成功的，如果他當初沒能在稻田中細心觀察，他就不能發現那株天然「野稗」。牛頓發現地球引力，是從一個蘋果掉落研究起的，如果他當時沒對這個細微平常的現象仔細研究，他就沒有後來的成就。

其實，細節更為重要的一個作用就是能夠看出一個人的修養。比如，我們常常看到在上班時間，有的員工藉故利用公司電話進行私人聊天，或藉故利用公司印表機或是影印機列印、複印與工作無關的資料。這些人可能存在僥倖的心理，認為偶爾一次無所謂，但是一旦被公司領導發現了，雖然是小事，但是也會影響到個人形象。許多看來很細微的東西，在領導心目中是不會輕易被忽視的。

細節因其「小」，往往被人忽視，掉以輕心；因其「細」，常常

拒絕白目溝通
簡單複製成功

使人感到煩瑣，不屑一顧。但就是這些小事和細節，往往是事物發展的關鍵和突破口，是關係成敗的雙刃劍。細節是砌疊宏偉事業的基石。泰山不拒細壤，故能成其高；江海不擇細流，故能就其深。

　　細節裡往往蘊藏著機遇。只要把握住了關鍵細節，就如同獲得了開啟成功之門的鑰匙，在這樣的人看來，世間處處有成功的機會。

9 細節成就完美

惠普創始人大衛·卡德說過：「小事成就大事，細節成就完美。」但是，太多的人總不屑一顧於小小的細節，他們總是習慣於把全部精力都投入到大事上去。殊不知，事無巨細，小事情往往最能體現出個人的素養，小問題中往往隱藏著大學問。把握住細節，你才能贏得好人緣，才能將工作做得盡善盡美，才能得到機遇的垂青。

很多人在找工作時，十分注意自己的個人形象，他們穿戴整齊，舉止彬彬有禮。但是，卻會屢次碰壁，這是為什麼？因為他們忽略了個人的細節。比如，簡歷上字跡潦草，讓人看起來非常煩躁。這時，用人單位會認為你是一個不嚴謹的人，怎麼能放心把工作交給這樣的人呢？也有人在面試時過於賣弄自己的才學，表現與身份不相稱，令人不敢恭維。

一個大學畢業生去廣州想靠打工闖出一番事業來。但很不幸，一下火車，他的錢包被偷，錢和身份證都沒了。在受凍挨餓了兩天後，他決定開始撿垃圾——雖然遭受白眼，但至少能解決吃飯問題。

一天，他正低頭撿垃圾時，忽然覺得背後有人注視自己。回頭一看，發現有個中年人站在他背後。中年人拿出一張名片：「這家公司正有招聘，你可以去試試。」

那是一個很熱鬧的場面——五六十個人同在一個大廳裡，其中很多人都西裝革履，他有點兒自慚形穢，想退下來，但最終還是留在了那裡。當他一遞上那位中年人的名片，小姐就對他說：「恭喜你，你已經被錄取了。這是我們總經理的名片，他曾吩咐，有個青年會拿著名片來應聘，只要他來了，就成為我們公司的一員！」

拒絕白目溝通
簡單複製成功

　　就這樣，沒有經過任何面試，他進入了這家公司。後來，通過個人的努力，他成為了副總經理。

　　「你為什麼會選擇我？」閒聊時他都會問總經理這個問題。「因為我會看相，知道你是棟梁之材。」每次，總經理都神祕兮兮地一笑。

　　又過了兩三年，公司業務越做越大，總經理要去新城市進行投資。臨走時，將這個城市的所有業務都委託給了他。送行那天，他和總經理在貴賓候機室面對面坐著。「你肯定一直都很想知道，我為什麼會選擇你。那次我偶然看見你在撿垃圾，就觀察了你很久，你每次都把有用的東西揀出來，將剩下的垃圾整理好再放回垃圾箱。當時我想，如果一個人在這樣不利的環境下還能夠注意到這種細節，那麼無論他是什麼學歷、什麼背景，我都應該給他一個機會。而且，連這種小事都可以做到一絲不苟的人，不可能不成功。」

　　是的，細節可以使人失去一份觸手可及的工作，也可以使人獲得一份連自己都不敢奢求的工作。在日常生活中，培養注重細節的為人處事風格也會給你的事業發展奠定良好的基礎，因為細節可以顯示人格的魅力。

　　芒西原來只是一家小報社的記者，但他後來卻升遷到了《紐約太陽報》出版人的高位上，成為當時美國媒體界卓越的領袖。

　　芒西去世前不久，他的老同事歐爾曼・里奇為他寫了一本傳記，書中有一個頗具啟發性的故事。它可以讓我們瞭解到芒西為什麼能成為一名業界領袖。

　　里奇這樣寫道：「大約在 25 年前，我的右耳就失去了聽覺。從此以後，當我們倆在一起的時候，這位領導每次都站在我的左邊。無論是在他的房間裡，抑或是在他的寫字間裡、汽車裡、大街上、進餐時……無論什麼時候，他總是會站在一個不使我感到自己是個殘廢人

的位置上。而且，在他做這樣的舉動時，顯得那樣自然、隨意，簡直沒有一個人能注意到他是故意這樣做的。這真讓人感到驚訝……可以說，他真是一個設身處地替朋友著想的大好人。」

從這件小事上，我們可以看到，像一切有成就的人一樣，芒西也是常常在小事情上留心著別人的需要。這種對於細節的注意，充滿了體貼。一切有成就的人，都知道怎樣靠這種用心良苦的「小動作」去獲得人們的信賴及擁戴。

細節鑄就完美！一個公司如此，一個人也如此。只有把每一個細節做好，做得與眾不同，才能在激烈的市場競爭中擁有競爭力，才能求得生存和發展的空間。

不要再去關注那些空洞的、籠統的、聽起來好聽但實際上卻毫無意義的東西。把精力傾注於細節上，把握細節，以認真的態度做好每一件事，無論大小，只有這樣才能贏得競爭優勢。

在日常生活中，培養注重細節的為人處事風格也會給你的事業發展奠定良好的基礎，因為細節可以顯示人格的魅力。

10 小事情，大收穫

在常人看來，大人物總是和「大事件」聯繫在一起，小人物總是和「小事件」聯繫在一起。有的人一輩子也不會做成一件大事，但是，無論大人物還是小人物，都會和一件又一件的小事發生關係。因此說，小事情是人一生中最基本的內容，聚焦小事，才能昇華你的人生。

人與人之間的差別，往往就在於一些細小的事情上，並且正是因為這些細小的事情，決定了不同的人具有不同的命運。在你看來也許微不足道的小事，於有心人而言就是難得的機遇，也就是說，即使是機遇，也不是什麼人都能看得見、抓得住的，這需要平時累積的一種高素養。

一個極其寒冷的冬日夜晚，路邊一間簡陋的旅店迎來了一對上了年紀的夫婦。然而不幸的是，這間小旅店早就客滿了。「這已是我們尋找的第十六家旅社了，這鬼天氣，到處客滿，我們怎麼辦呢？」這對老夫妻望著店外陰冷的夜晚發愁地說。

店裡的小夥計不忍心這對老人出去受凍，便建議說：「如果你們不嫌棄的話，今晚就住在我的床鋪上吧，我自己在店堂裡打個地鋪。」老夫妻非常感激，第二天要照價付費，小夥計堅決拒絕了。臨走時，老夫妻開玩笑地說：「你經營旅店的才能真夠得上當一家五星級飯店的總經理。」

「那敢情好！起碼收入多些可以養活我的老母親。」小夥計隨口應道，哈哈一笑。

沒想到兩年後的一天，小夥計收到一封寄自紐約的來信，信中夾有一張往返紐約的雙程機票，信中邀請他去拜訪當年那對睡他床鋪的

老夫妻。

小夥計來到繁華的紐約，老夫妻把小夥計引到第五大街和三十四街交會處，指著那兒的一幢摩天大樓說：「這是一座專門為你興建的五星級旅館，現在我們正式邀請你來當總經理。」

年輕的小夥計由於一件舉手之勞的小事，美夢成真，從此走上了讓人夢寐以求的成功之路。這真是「莫以善小而不為」。這就是著名的奧斯多利亞大飯店經理喬治‧波菲特和他的恩人威廉先生一家的真實故事。

大事件是可遇而不可求的，小事情卻每天都在發生。順利、妥帖而又快樂地去處理一件小事是容易的，但每天都能順利、妥帖而又快樂地去處理每件小事卻是十分困難的。如果一輩子都無怨無悔地、謹慎小心地、愉悅歡快地去處理一件又一件小事，那大概要比做一件大事還要難。一位人事經理講述了這樣一個故事：

一次，我首次以人力資源經理的身份，主持了公司的人事招聘。而兩年前，我還是個一切從頭做起的「打雜工」。大學畢業進入這家公司，擔任行政助理。每天在公司發放檔、做會議記錄、回復信函、翻譯資料、與稅務或工商等管理部門打交道，事情繁雜而瑣碎。覺得自己像個「打雜的」，一度非常洩氣。但一想到自己是名「職場新人」，就按捺住了內心的浮躁，時刻告誡自己要做好手頭工作，一定要幹出個名堂來，證明自己是個有用之人，證明自己這麼多年的艱辛求學沒有白費，證明自己的父母沒有白付出……

於是，我開始了兩年如一日的勤修苦煉。每接到一個工作任務，都立即精心準備，盡全力在第一時間內做好，從不表現出不想做或不知從何入手的樣子，工作中遇到難題，我會立刻向他人請教或通過自學查漏補缺。慢慢地，我形成了遇事冷靜、辦事敏捷的風格，而且，

拒絕白目溝通
簡單複製成功

由於工作龐雜，很多領域也都能接手。上個月，我因表現出色被提升為公司人力資源部經理。

很多人認為小事情不重要，我以前也是這個樣子。但隨著經驗的累積，有成功也有失敗，當然，犯的錯比較多之後才開始慢慢瞭解小事情也很重要——小事情就是一切！大事業是由小事情做起的，要重視每一件事情的細節。很多時候，失敗都是因為錯在小事，「小事」是最不被重視的，所以有那麼多人失敗。

簡單來說，接電話態度可能是件小事，可是顧客卻可能會因接電話人的態度不好而拒絕與你做生意；送貨的包裝可能是小事，但外表的破損會使顧客失去信任；郵寄的時間可能只是細節，但顧客可能由於送貨不及時而退貨……你不能總找藉口說：「貨物已經在路上，過幾天就到」，「包裝工人沒注意才會破損」，「負責接電話的人正好不在，那是別人接的」。這些理由別人聽都不想聽，別人只想確定你是一個負責的人，只希望你能達成事情的結果，對方只是永遠的要求完美，而你卻永遠不夠完美。

要成功就不能告訴自己：「有一天，我要做成一件大事……」成功應該是今天就要把每一件小事做好，而且每天都一樣。

一沙一世界，一花一天堂。如果你能執著地把手上的小事情做到完美的境界，你同樣也會成為一個了不起的人物。

大部分人都容易忽略細節，輕視小事，因為他們沒有真正理解「大事是由小事組成的」，做小事的同時也就是在做大事。

第六章
操縱對方，讀懂他人心

　　在這個世界上，打交道最多的就是人，最難捉摸的也是人。因為每個人的內心世界，不但波譎雲詭，而且千差萬別，難以把握。有的人看上去弱不禁風，可內心剛烈異常；有的人看上去大大咧咧，可內心溫柔體貼；有的人，在強者面前示弱，卻在弱者面前逞強……可以說，不同的人就有不同的心理，心理決定著一個人的想法，也決定著一個人的品行。在人際交往中，誰掌握了對方的心理變化，誰就能佔據主動；誰讀懂了對方的心思，誰就能操縱他人。

1 一眼看透上司想法

民諺道：「一個目光表達了 1000 多句話。」心理學家認為，眼睛是心靈的「窗戶」。常見的瞳孔語言為，在表示反感和仇恨時，瞳孔縮小，還露出刺人的目光。相反，睜大眼睛則表示具有同情心和懷有極大的興趣，以及贊同和好感。

目光中除了能看出上級與下級，權力與依賴的關係外，還能揭示出更多的東西。

領導說話時，不看著你，這是個壞跡象，他想用不重視來懲罰你，說明他不想評價你。這種情況並不少見，某廣告公司品牌策劃人員黃瑞就碰到這樣的事。

去年底，由於業務量大，職員們的工作相當緊張。黃瑞也投入到了這場緊張的戰鬥中去了。一天清晨，老總突然召集大家開會。辦公室裡，老總對每一個進門的職員都點頭示意。唯獨當黃瑞進門時，老總卻將頭扭了過去。黃瑞立即暗叫不妙，心想老總對我有成見了。會議上，老總提出了一兩個問題後，就保持沉默，弄得大家都緊張兮兮的。直到半個小時後，老總才將目光尖銳地掃在黃瑞臉上。「我對黃瑞提出嚴厲批評，你知道嗎？你昨天的品牌策劃書竟連人家公司的名字都給寫錯了，今天對方發傳真過來了，說對我們的能力表示懷疑。」

從黃瑞的故事中不難看出，領導不看你時，確實不是什麼好兆頭。

領導從上到下看了你一眼，則表明其優勢和支配，還意味著自負；領導久久不眨眼盯著你看，表明他想知道更多情況；領導友好地、坦率地看著你，甚至偶爾眨眨眼睛，則表明他同情你，對你評價比較高或他想鼓勵你，甚至準備請求你原諒他的過錯；領導用銳利的眼光目

不轉睛地盯著你，則表明他在顯示自己的權力和優勢；領導只偶爾看你，並且當他的目光與你相遇後即馬上躲避，這種情形連續發生幾次，表明這位領導對你缺乏信心。

領導的意圖往往捉摸不定，善逢迎者必須下工夫掌握領導的心意，揣摩領導的心理，找准領導的脾氣、喜好、習慣，然後看準時機，踏准節拍，順勢而為，見招拆招。你的耐心和招數終將幫助你搞定他們，痛痛快快地走在他們的前面。

要搞定你的領導，先要搞清楚你的領導是哪種類型的人。領導的類型大體可以分為四種：

（1）老虎型領導

其特點是：經常打斷你，跟你搶話說；經常匆匆忙忙，有許多事情做；有時顯得無禮；單項溝通為主；把自己的意見表達為毋庸置疑的事實；可能較為直率，想什麼說什麼；不受約束，喜歡打破常規，等等。由於他們是改革家、冒險家和點子專家，特別注重結果，最佳對策是「誘之以利」。具體的應對要點：一要擺脫「恐懼感」；二要高度追求結果；三要有一定的冒險精神。

（2）孔雀型領導

其特點是：興奮、坦率，友善；善於統一你的看法；強調問題和事物的積極面；不願談及傷感的問題；以推銷和鼓動方式進行溝通，樂於交談和交友，很容易和他人打成一片，等等。由於他們是演員，愛表現、愛講話、愛出風頭，特別注重名氣，最佳對策是「誘之以名」。具體的應對要點是：一不要搶他們的風頭；二是他們的「肺腑之言」別當真；三是該開口時就開口。

（3）無尾熊型領導

其特點是：謹慎行事；點頭傾聽；被詢問時才回答；講話平靜而

有條理；喜歡談論自己熟悉的事物；喜歡單獨交談，而不是對眾人發言，等等。由於他們很謹慎、有條理、腳踏實地，特別注重感情，最佳對策是「動之以情」。具體的應對要點：一要把真誠作為第一要旨；二是進取心強有更大的發展空間；三是對酬勞和晉升，你別不好意思，要主動向他提。

（4）貓頭鷹型領導

做事井井有條；注意細節；喜歡書面溝通；不輕易表達相反觀點；關注操作細節；可能抓不住關鍵；不發號施令，依規矩辦事，等等。由於他們追求完美、邏輯性強、循規蹈矩，特別注重理性，最佳對策是「曉之以理」。具體的應對要點：一是必須兢兢業業，該加班時就加班，不要出錯；二是勝在執行；三是做到遵規守法，注重細節。

當然，還有一種「變色龍」型的領導，兼具幾種特徵，中庸而不執著，韌性強，十分圓滑，很難對付，具體的應對要點：一是不妨韜晦一點，二是與他保持同步，三是堅定目標，做事謹慎，也是可以搞定的。

分析了領導的類型之後，就要注意自己的言行舉止了。你可以從以下幾個方面努力：

（1）談話技巧

身體語言與說話聲調是給人好印象的第一要素。一位語言學家曾說過：「如果老闆說話的語氣非常柔和，你就得避免粗聲大氣地和他說話。」學會用對方的音訊和語言狀態溝通，能說明你與之達成和諧的境界。而且，老闆總會受被他認為容易相處的人所說的話的影響，而不是那些態度衝動、語氣惡劣的人。

你可以試試幾個小招數：適當模仿老闆的語氣和聲調，保持相同次數的目光接觸，注意對方使用手勢的方法與節奏。不過要盡量避免

讓人覺得你在操縱一切，被影響與被操縱是截然不同的。

（2）穿著服飾

談到穿著，千萬不要機械地抄襲。一位形象設計顧問建議說，要穿著和老闆風格相似而不是雷同的衣服。重要的是，永遠別穿得比老闆還出風頭。如果上司是一位女性，那麼，聰明地模仿她的穿著，會讓那個她在不知不覺中與你感覺親密。此外，留心觀察她佩戴的小飾品，適度地陪襯自己的服飾；化個清爽、大方的淡妝，也能為自己加分。

如果你的上司十分注意保養他的鞋，那麼你要小心，別讓自己的鞋上沾有污痕，鞋跟磨破了，應立刻去修補。相信同樣愛惜鞋的老闆會注意你的細節的。還要注意一點，鞋應該配合實際場合來穿。如果穿著尖頭高跟鞋跑上跑下，派送檔案，既不得體，又不實用，到頭來只是辛苦了自己。

（3）服從領導

有一位心理學家說過：「當你與老闆一起出席會議時，座位的選擇是非常重要的。一般情況下，請記住坐在他的左邊。因為對他而言，右邊是具有控制性及競爭性的，所以你應該坐在左邊，表示服從他的意願。」

同步性也是會議中重要的一環。當老闆身體向前傾時，或當他把手放在桌子上時，請你一一照做，暗示你與他的一致。另外，拋開顧慮、冒著頂撞上司的危險在會議上發表意見，可能會帶給你意想不到的好處。比如說，老闆誤會了某件事，你適時地打斷並委婉地指出，而不是讓他繼續誤會下去，這能讓他覺得，帶你參加會議可以全然地放心。

當同事正在發言，卻苦於無法明白地表達自己的想法時，你應該站出來，幫他闡明意見。你可以說：「我很抱歉沒弄清楚你的意思，

你是不是說……」這證明，你有愛護同僚之心，並能與人和睦相處。

（4）社交場所

瞭解領導的性格是你發展社交關係的一大助力。如果你剛接受新工作，多向同事瞭解老闆的習慣和要求，搞清楚他是幽默風趣型，還是與下屬保持距離型。同時，盡量不要拒絕別人的社交邀請，以免給人造成孤僻、不合群的印象。你必須注意，當領導在場時，喝醉酒可不太恰當，千萬別作出讓自己後悔的舉動或決定。

總之，搞定領導的主動權實際上在你手中，首先是充分的自信心、自控力，然後施展有效的方式和手段，不必跟在領導的後面亦步亦趨，他刻薄你不必刻薄，他抱怨你不必牢騷滿腹，他拿不定主意你必須果斷，他偏聽偏信你不要搖擺不定，你的眼光應該越過他們，盯住更美妙的前方。這樣，當你成為領導的上司時，你就會比他們取得更大的成功。

在日常生活中，待人處世也應做到知己知彼，見什麼人說什麼話。對不同的領導運用不同的交往手段，隨機應變，才能事事順遂。

2 投其所好，操縱對方

投其所好，是一種藝術、一種智慧，實際上也是一種溝通。它是尋求不同職位、不同行業、不同經歷的買賣雙方的利益共同點。就像將兩匹馳騁在曠野上的駿馬拉入同一條跑道中一樣，投其所好，是調動你的知識、才能的優勢，向購買者發起的心理攻勢，直達「操縱」對方的目的。

李剛是大學剛畢業的法律系學生，因為律師考試未能通過，只好在一家法律事務所當職員。按公司規定，試用期間每一個人在一個月內都要拉到一家新客戶。可是他剛離開學校不久，又沒有任何的背景，每次去拜訪一些陌生的新客戶，不是吃了閉門羹，就是要他回去等消息。

眼看一個月的期限就快到了，他已經是心灰意冷，打算另謀出路。沒想到這個時候奇跡出現了，他不但開發出一個新客戶，而且還借著這個客戶的引薦，一連吸收了十幾家新客戶。他不但沒有被炒魷魚，反而晉升成正式職員，薪水也連跳好幾級，成了該事務所的「超級營業員」。

這個新人憑著什麼本領，成為了「超級行銷員」的呢？以下內容是他的自述：

「當天，我愁眉不展地不得不踏入那家公司。到了門口的時候，我想到以前幾次的閉門羹，就更加躊躇不安。忽然我看了公關主任桌上的名片，我想到我有辦法了。

原來這位主任的名字蠻奇怪的，竟然叫做『萬俟明』，而我恰好又很喜歡看傳統小說，以前在看《說岳傳》時，書中有個壞人的名字

拒絕白目溝通
簡單複製成功

就叫『萬俟卨』。這個人與岳飛同朝為官，但因為岳飛見他時不以禮相待，兩人因此不和。後來他便迎合奸相秦檜在朝中一再攻擊岳飛。在紹興十一年時，將岳飛父子下獄治死。

我看《說岳傳》時年紀還小，一看到『萬俟卨』三個字，就不知道怎麼讀，所以我特地查了字典，才知道這三個字的讀音。也正是因為這樣，我才知道『萬俟卨』這幾個字的正確讀音。

當時我一看見這人的名片上寫著『萬俟明』，我就禮貌地向前稱呼他：『萬俟先生，我是 XX 法律事務所的職員，今天特別來拜訪您。』

才說完這句話，對方就吃驚地站起來，嘴裡結巴地說著：

『你……你……你怎麼認識我的姓，一般人第一次都會念錯，大部分人都叫我萬先生，害得我總是解釋一次又一次，煩死了。』

我聽了以後感覺這次拜訪似乎有個好的開始，於是我接著說：

『這個姓是複姓，而且又很少見，想必有來由的吧！』

對方聽到這裡，更是顯得神采飛揚，高興地說道：

『這個姓可是有來由的，它原是古代鮮卑族的部落名稱，後來變成姓氏的拓跋氏，就是由萬俟演變而來的。』

我看到對方越來越高興，於是接著問道：

『那您就是帝王之後，系出名門了！』那位萬俟明先生聽了後更加高興地說下去：

『豈只是這樣，這個姓氏一千多年來也出了不少名人，例如，宋代有個詞學名家叫萬俟詠，自號大梁詞隱，精通音律，是掌管音律的大晟府中之制撰官，另外寫了一本書叫《大聲集》。後人都尊稱他萬俟雅言。』

用這個少見的姓氏做話題，讓我和那位公關主任聊了起來，儘管我並未說明來意，更沒談什麼細節，但光憑這次愉快的交談，就讓我

開發出一家財團做客戶。而這家財團旗下所有的關係企業，全都與事務所簽下了合約，聘我們做法律顧問，為我們事務所增加了前所未有的業績，同時也充實了一下自己的腰包。」

由此可知，一句話可以引得財源滾滾，也可以解陷身之困，對於每一個人來說，每一個細微之處都要考慮周到，既要善於思維，更要長於說辯。作為君王，可以「一言興邦」或者「一言喪國」；而作為推銷員，在推銷洽談中也可以「一言而勝」或者「一言而敗」。所謂一言而勝，就是說這一言，說到了對方的心坎上，打動了對方，實現了自己的目的。所謂一言而敗，就是說你的話沒有說到人家的心坎上，人家不愛聽，你就算白說了。投其所好，方能讓自己心想事成。

在日常生活中，一定要察言觀色，揣摩對方心理，以便投其所好，以此來理解人，進而說出別人喜歡聽的話，從而促使自己成功。

3 指隨心動，從握手方式看他人心理

握手這個動作，可以算得上世界上通行的禮節了。它是從原始人的雙手舉起的姿勢上得來的，原來的意思是指沒有敵意、兩手空空之意。後來在古羅馬曾有碰胸的姿勢表示問候。在羅馬帝國時代，人們並不握手，而是彼此抓著前臂，而在現代，握手的含義是歡迎。美國心理學家伊蓮·嘉蘭在一本書中指出，人握手時所採用的方式，很容易反映出他的個性。

握手時的力量很大，甚至讓對方有疼痛的感覺，這種人多是逞強而又自負的。但這種握手的方式在一定程度上又說明了握手者的內心比較真誠和煽情。同時，他們的性格也是坦率而又堅強的。

握手時顯得不甚積極主動，手臂呈彎曲狀態，並往自身貼近，這種人多是小心謹慎、封閉保守的。

握手時只是輕輕的一接觸，握得不緊也沒有力量，這種人多屬於內向型人，他們時常悲觀，情緒低落。

握手時顯得遲疑，多是在對方伸出手以後，自己猶豫一會兒，才慢慢地把手遞過去。排除掉一些特殊的情況以外，在握手時有這種表現的人，性格多內向，且缺少判斷力，不夠果斷。

不把握手當成表示友好的一種方式，而把它看成是例行的公事，這表明此種人做事草率，缺乏足夠的誠意，並不值得深交。

一個人握著另外一個人的手，握了很長的時間還沒有收回，這是一種測驗支配力的方法。如果其中一個人先把手抽出、收回，說明他沒有另外一個人有耐力。相反，另外一個人若先抽出、收回手，則說明他的耐心不夠。總之，誰能堅持到最後，誰勝算的把握就大一些。

　　雖然在與人接觸時，把對方的手握得很緊，但只握一下就馬上拿開了。這樣的人在與人交往中多能夠很好地處理各種關係，與每個人都好像很友善，可以做到遊刃有餘。但這可能只是一種外表的假像，其實在內心裡他們是非常多疑的，他們不會輕易地相信任何一個人，即使別人是非常真誠和友好的，他們也會加倍地提防、小心。

　　在握手時，非常緊張，掌心有些潮濕的人，在外表上，他們的表現冷淡、漠然，非常平靜，一副泰然自若的樣子，但是他們的內心卻是非常的不平靜。只是他們懂得用各種方法，比如，語言、姿勢等來掩飾自己內心的不安，避免暴露一些缺點和弱點。他們看起來是一副非常堅強的樣子，所以在他人眼裡，他們就是一個強人。在比較危難的時候，人們可能會把他們當成是一顆救星，但實際上，在危難的時候他們也非常慌亂，甚至比他人還要嚴重。

　　握手時顯得沒有一點力氣，好像只是為了應付一件不得不做的事情，而被迫去做的人。他們在大多數時候並不是十分堅強，甚至是很軟弱的。他們做事缺乏果斷、俐落的幹勁和魄力，做事猶豫不決。他們希望自己能夠引起他人的注意，可實際上，其他人往往在很短的時間內就會將他們忘記。

　　把別人的手推回去的人，他們大多都有較強的自我防禦心理。他們常常感到缺少安全感，所以時刻都在做著準備，在別人還沒有出擊但有這方面傾向之前，自己先給予有力的回擊，佔據主動。他們不會輕易地讓誰真正地瞭解自己，如果是這樣，他們的不安全感更加強烈。他們之所以這樣，在很大程度上是由於自卑心理在作怪。他們不會去接近別人，也不會允許別人輕易接近自己。

　　像虎頭鉗一樣緊握著對方的手的人，在絕大多數時候都顯得冷淡、漠然，有時甚至是殘酷。他們希望自己能夠征服別人、領導別人，但

他們會巧妙地隱藏自己的這種想法，運用一些策略和技巧，在自然而然中達到自己的目的。

用雙手和別人握手的人，大多是相當熱情的，有時甚至熱情過了火，讓人覺得無法接受。他們大多不習慣於受到某種約束和限制，而喜歡自由自在，按照自己的意願生活。他們有反傳統的叛逆性格，不太注重禮儀、社交等各方面的規矩。他們在很多時候是不太拘於小節的，只要能說得過去就可以了。

握手時交際中雙方身體可以互相接觸的一環，所謂「十指連心」，在握著對方的手時，應該與對方的心也更接近。當然要近距離接觸對方的真心，不僅需要深邃的洞察力，還要有敏銳的感知力。這些能力都需要我們在生活交往中不斷地實踐和累積經驗。

握手不僅僅是一種禮節，更主要的是在握手的一瞬間有可能識破對方的性格。從這個意義上說，握手不僅僅是一種禮貌行為，而且還是傳達人際資訊的重要方法，因此握手也是「察人」的重要途徑。

4 察言觀色是一門學問

不可否認，生活中有許多人是溝通高手，他們都非常善於隱藏自己的真實想法。無論是從他的語言還是表情，我們都很難窺知端倪。但細心的你不知發覺沒有，其內心情緒的變化往往會通過形象暴露出來，如神態、舉止等。一位心理學家曾指出：「無聲語言所顯示的意義要比有聲語言多得多，而且深刻。」他還對此列出了一個公式。

資訊的傳遞 =7% 的言語 +38% 的語音 +55% 的表情

雖然大多數時候，人們是用語言進行溝通和交流的，但語言並不是溝通的全部。無論是說話者還是聽話者，資訊的準確傳播和接受，都還得借助雙方的表情、姿態、動作等形象語言。

通過對方無意中顯示出來的態度、姿態，瞭解他的心理，有時能捕捉到比語言表露得更真實、更微妙的內心想法。春秋時期的淳於髡就是這樣一個高手。

梁惠王雄心勃勃，廣召天下高人名士。有人多次向梁惠王推薦淳於髡，因此，梁惠王連連召見他，每一次都摒退左右與他傾心密談。但前兩次淳於髡都沉默不語，弄得梁惠王很難堪。事後梁惠王責問推薦人：「你說淳于髡有管仲、晏嬰的才能，哪裡是這樣，要不就是我在他眼裡是一個不足與言的人。」

推薦人聽後也很納悶，就去質問淳於髡，他笑笑回答道：「確實如此，我也很想與梁惠王傾心交談。但第一次，梁惠王臉上有驅馳之色，想著驅馳奔跑一類的娛樂之事，所以我就沒說話。第二次，我見他臉上有享樂之色，是想著聲色一類的娛樂之事，所以我也就沒有說話。」

拒絕白目溝通
簡單複製成功

　　那人將此話告訴梁惠王，梁惠王一回憶，果然如淳於髡所言，他非常嘆服淳於髡的識人之能。

　　從表情上，讀透內心所蘊藏的玄機，是識人高手厚積一世而薄發一時的祕技。1973 年，美國心理學家拜亞曾經做過這樣一項實驗。他讓一些人表現憤怒、恐怖、誘惑、無動於衷、幸福、悲傷 6 種表情，再將錄製後的錄影帶放映給許多人看，請觀眾猜何種表情代表何種感情。其結果是，觀看錄影帶的這些人，對此 6 種表情，猜對者平均不到兩種。可見，表演者即使有意擺出憤怒的表情，也會讓觀眾以為是悲傷的感情。

　　從這個事例上看，雖然表情對揭示性格有很大程度上的可取性，表情相對於語言更能傳遞一個人的內心動向，但要在瞬間看破人心，看似簡單，實屬不易。人類在長期生活實踐中，學會了掩飾內心真實情感的手段，這種手法在現代商業談判中屢見不鮮。洽談業務的雙方，一方明明在很高興地傾聽對方的陳述，且不時點頭示意，似乎很想與對方交易，對方也因此對這筆生意充滿信心，但是沒想到對方最後卻表示：「我明白了，謝謝你，讓我考慮一下再說吧。」這無疑給陳述方當頭澆了一盆冷水。

　　所以，人們在通常情況下，沒有經過相當程度的對人們內心活動的研究，是不太容易探視出人心的真面目的。

　　深諳人情世故的處世高手與他人交往時，往往能對他人的言語、表情、手勢、動作以及看似不經意的行為有較為敏銳細緻的觀察，從而掌握對方意圖的先決條件，測得風向好使舵。和對方打交道時，如果能對其的一手一足、一顰一笑細心觀察，我們便能洞悉其內心：

　　(1)　說話時不抬頭，不看人。這是一種不良的徵兆——輕視下
　　　　　屬，認為此人無能。

(2) 　從上往下看的人。這是一種優越感得表現——好支配人、高傲自負。

(3) 　久久地盯住對方看——他在等待更多的資訊，他對下級的印象尚不完整。

(4) 　領導友好和坦率地看著對方，或有時對對方眨眨眼——對方很有能力、討他喜歡，甚至錯誤也可以得到他的原諒。

(5) 　目光銳利，表情不變，似利劍要把對方看穿。這是一種權力、冷漠無情和優越感的顯示，同時也在向對方示意：你別想欺騙我，我能看透你的心思。

(6) 　偶爾往上掃一眼，與對方的目光相遇後又朝下看，如果多次這樣做，可以肯定對對方還吃不准。

(7) 　向室內凝視著，不時微微點頭。這是非常糟糕的信號，它表示要對方完全服從他，不管下屬們說什麼，想什麼，他一概不理會。

(8) 　雙手合掌，從上往下壓，身體起平衡作用——表示和緩、平靜。

(9) 　雙手插腰，肘腕向外撐，這是好發命令者的一種傳統肢體語言，往往是在碰到具體的權力問題時所做的姿勢。

(10) 坐在椅子上，將身體往後靠，雙手放到腦後，雙肘向外撐開，這固然說明他此時很輕鬆，但很可能也是自負的意思。

(11) 食指伸出指向對方——一種赤裸裸的優越感和好鬥心。

(12) 雙手放在身後互握，也是一種優越感的表現。

(13) 拍拍對方的肩膀——對下屬的承認和賞識，但只有從側面拍才表示真正承認和賞識。如果從正面或上面拍，則表示小看下屬或顯示權力。

(14) 手指併攏，雙手構成金字塔形狀，指尖對著前方——一定要
　　　駁回對方的示意。

(15) 把手握成拳頭——不僅要嚇唬別人，也表示要維護自己的觀
　　　點，倘用拳頭敲桌子，那乾脆就是企圖不讓人說話。

　　人的面部表情就好像「天氣預報」，它告訴你什麼時候「颱風」，
什麼時候「下雨」，因此，和他人說話時要察言觀色，這樣才能做到
有的放矢。

5 讀懂人心，才能做好事情

曹雪芹所著的《紅樓夢》中有這樣兩句詩：「世事洞明皆學問，人情練達即文章。」因此說，辦成事離不開人情，不知曉人情是萬萬不行的，所以要通曉人情，就是要有一種設身處地、將心比心的情感態度。換言之，也就是要做到《論語》中所說的「己所不欲，勿施於人」。就是用自己的心推及別人；自己希望怎樣生活，就想到別人也會希望怎樣生活；自己不願意別人怎樣對待自己，就不要那樣對待別人；自己希望在社會上能站得住，能通達，就要幫助別人站得住，通達。總之，從自己的內心出發，推及他人，去理解他人，對待他人。簡單說，就是自己不願意的，不要強加給別人，不能做「只許州官放火，不許百姓點燈」的事。

有「霸王」美稱的項羽就是嚴於待人，寬於律己的典範。為什麼這樣說呢？因為他有霸王美譽卻沒有王者的習氣與風範。他自己一心想成就霸業，稱王稱帝，卻想不到手下的弟兄也想當官，光宗耀祖。該加官賜爵的時候，在他手中的爵印都被磨損了，他仍然捨不得頒發下去。因此他不僅輸掉了人情，更輸掉了國家。

那怎樣才能做到通人情呢？恐怕要先做到察言觀色，識人心。

俗話說：「言未出而意已生。」在人們的現實生活中，常常會有吞吞吐吐，欲言又止的現象發生，但這時候你內心的真實想法也已然是洩露了。下面就告訴幾點察言觀色，識人心的具體辦法：

(1) 在正式場合說話時，先清喉嚨的人，多數是由於緊張或不安。

(2) 說話時不斷清喉嚨的人，可能還伴有焦慮。

(3) 故意清喉嚨，有時是為了表達一種不滿的情緒，意思是要表達我要不客氣了，即對別人的警告。

(4) 說話支支吾吾，這是心虛的表現，說明此人內心不誠實。

(5) 說話聲音陰陽怪調，表明此人內心卑鄙，心懷叵測。

(6) 內心平靜的人，聲音也會心平氣和。

(7) 喋喋不休是人浮躁的一種表現。

(8) 善良溫和的人，話語總是不多。

(9) 說話模棱兩可，證明此人心中有疑慮不定的思想。

(10) 內心柔和平靜的人，說話極富親和力。

從語言的密碼中破譯對方的心態，閒談是瞭解對方的一種最好方式。

第二次世界大戰中期，東條英機出任日本首相。此事是祕密決定的，各報記者都很想探得祕密，竭力追逐參加會議的大臣進行採訪，但都一無所獲。

在常規辦法行不通的情況下，有位記者改變了策略，用心研究了大臣們的心理定勢：會議大臣都不會說出由誰出任首相，假如問題提得巧妙，對方會不會不覺地露出某種跡象，從而有可能探得祕密。於是，他向一位參加會議的大臣提出這樣一個問題：此次出任首相的人是不是禿子？這麼問並不是無中生有，因為日本首相當時有三名候選人：一是禿子，一是滿頭白髮，一是半禿頂，這個半禿頂的就是東條英機，在這看似無意的閒談中，聰明的記者就從這位大臣聽到問題之後的猶豫神色，推斷出最後的答案。（因為對方停頓下來，肯定是在思考：半禿頂是否屬於禿子？）他也因此得了獨家新聞。

這個故事不僅僅告訴我們知人心的重要，還告訴我們，在遇到某些常見的現象後，不要以一種單一的思維方式思考問題，而是要多方

位、多角度去探究問題。

　　從語言的密碼中破譯對方的心態，可以在閒談中讓對方在心理上
消除對你的戒備，這樣你就很容易辦成事了。

6 每天學點色彩心理學

色彩在客觀上是對人們的一種刺激和象徵，在主觀上又是一種反應與行為。因此色彩心理學在自然欣賞、社會活動方面是十分重要的。

（1）鍾愛的色彩透露個性

1. 喜歡橄欖色的人

這種人在選擇橄欖色時，當時的心理狀態一般是處於被抑制的狀態和歇斯底里的狀態。

2. 喜歡綠色的人

這種人一般喜歡自由，有寬大的胸懷，綠色是其在抱有希望、沒有偏見的心理狀態下選擇的。

3. 喜歡藍色的人

這種人通常在表現內向質的性格，想有現實感的時候選擇藍色。

4. 喜歡橙色的人

一般是在無法獨居時，對人生意欲強烈的時候所選擇的顏色，這種人雄辯、開朗、口才好，並喜歡幽默。

5. 喜歡黃色的人

這種人在使別人感覺自己有智慧、有純粹高潔的心情時，選擇黃顏色的服裝。

6. 喜歡紅色的人

選擇紅色的人是衝動的、精神的、很堅強的生活者。紅色是在虛張聲勢時所選擇的。

7. 喜歡紫紅色的人

選擇紫紅色的人，一般是在無法冷靜、無法客觀分析自己的時候

所選擇的。

8. 喜歡桃紅色的人

喜歡桃紅色的人，是保持漂亮時所選擇的。這種人以舉止優雅為特徵。

9. 喜歡青綠色的人

這類人是在喜歡有纖細感覺的心理狀態下選擇的。

10.喜歡紫色的人

這種人一般具有保持神祕、自我滿足的藝術家的氣質，喜歡別出新裁。

11.喜歡褐色的人

這類人在選擇褐色時，當時的心理狀態很踏實。

12.喜歡白色的人

這種人通常是在缺乏感動性、決斷力、實行力、不知所措的心態下所選擇的。

13.喜歡黃綠色的人

這類人是在缺乏興趣、交際狹窄、缺乏纖細心情時選擇的。

14.喜歡灰色的人

這種人是在缺乏主動性的時候，自己沒有勇氣面對困難的心理狀態下所選擇的顏色。

15.喜歡濁紫色、暗褐、黑色的人

這種人是在非社交場合的時候、不喜歡表露心情的時候所選擇的。

（2）視其裝而知其人

常言道，服裝是流行的文化，從一個人的服裝，可以看出一個人的性格特徵。

1. 喜歡穿簡單樸素衣服的人，性格比較沉著、穩重，為人較真

誠和熱情。這種人在工作、學習和生活當中，對任何一件事情都比較踏實、肯幹，勤奮好學，而且還能夠做到客觀和理智。但是如果過分地樸素就不太好了，這種情況表明此人缺乏主體意識，軟弱而易屈服於別人。

2. 喜歡穿單一色調服裝的人，多是比較正直、剛強的，理性思維要優於感性思維。

3. 喜歡穿淺色衣服的人，多比較活潑、健談，且喜歡結交朋友。

4. 喜歡穿深色衣服的人，性格比較穩重，顯得城府很深，不太愛多說話，凡事深謀遠慮，常會有一些意外之舉，讓人捉摸不定。

5. 喜歡穿式樣繁雜、五顏六色、花裡胡哨衣服的人，多是虛榮心比較強，愛表現自己而又樂於炫耀的人，他們任性甚至還有些飛揚跋扈。

6. 喜歡穿過於華麗的衣服的人，也是有很強的虛榮心和自我現實欲、金錢欲的人。

7. 喜歡穿流行時裝的人，最大的特點就是沒有自己的主見，沒有自己的審美觀，他們多情緒不穩定，且無法安分守己。

8. 喜歡根據自己的嗜好選擇服裝而不跟著流行走的人，多是獨立性比較強，有果斷的決策力的人。

9. 喜愛穿同一款式衣服的人，性格大多比較直率和爽朗，他們有很強的自信，愛憎、是非、對錯往往都分得很明確。他們的優點是做事不會猶豫不決，而是顯得非常乾脆俐落。言必行，行必果。但他們也有缺點，那就是清高自傲，自我意識比較濃，常常自以為是。

10. 喜歡穿短袖襯衫的人，他們的性格是放蕩不羈的，但為人卻

十分隨和親切，他們很熱衷於享受，凡事率性而為，不墨守成規，喜歡有所創新和突破。自主意識比較強，常常是以個人的好惡來評定一切。他們雖然看起來有點吊兒郎當，但實際上他們的心思還是比較縝密的，而且什麼時候都知道自己是做什麼的，所以他們能夠三思而後行，小心謹慎，不至於因為任性妄為，而做出錯事來。

喜歡穿長袖衣服的人，大多比較傳統和保守，為人處世都愛循規蹈矩，而不敢有所創新和突破。他們的冒險意識比較缺乏，但他們又喜愛爭名逐利，自己的人生理想定得也很高。這樣的人最大的優點就是適應能力比較強，這得益於循規蹈矩的為人處世原則。把他們任意放在哪一個地方，他們很快就會融入其中，所以通常會營造出比較好的人際關係。他們很重視自己在他人心目中的形象，希望得到注意、尊重和讚賞，從而在衣著打扮、言談舉止等各個方面都總是嚴格地要求自己。

11. 喜愛寬鬆自然的打扮，不講究剪裁合身、款式入時的衣著的人，多是內向型的。他們長此以往，但在與人交往中，又總會出現許多的不如意，所以到最後還是以失敗而告終。他們多是沒有朋友，可一旦有，就會是非常要好的，他們的性格中害羞、膽怯的成分比較多，不容易接近別人，也不易被人接近。他們對團體的活動一般來說是沒有興趣的。

12. 喜歡穿著打扮以素雅、實用為原則的人，他們多是比較樸實、大方、心地善良、思想單純而又具有一定的寬容和忍耐力的人。他們為人十分親切、隨和，做事腳踏實地，從來不會花言巧語地去欺騙和耍弄他人。他們的思想單純只是說凡事都往好的方面想，絕對不是對事物缺乏自己獨特的見解。

他們具有很好的洞察力，總是能把握住事情的實質，而做出最妥善的決定和方案。

13. 喜歡色彩鮮明、繽紛亮麗服裝的人，他們是比較活潑、開朗的，單純而善良，性格坦率又豁達，對生活的態度也比較積極、樂觀和向上。他們多也是比較聰明和智慧的，這些體現在外的就是有較強的幽默感。同時，他們的自我表現欲望比較強，常常會製造些意外，給人帶來耳目一新的感覺，以吸引他人的目光。

每一個人在選擇服裝的色彩上，總與個性脫不了關係。因為，每一個人服裝的色彩，總是和個人的心理活動有著密切的聯繫。

7 家庭教育須懂點心理學

家庭對孩子一生的成長是至關重要的。家庭，是社會的基本細胞，是孩子人生的第一所學校，家長是孩子最重要的啟蒙老師。父母與孩子朝夕相處，接觸的時間和機會也最多，父母的言行每時每刻都在影響著孩子，父母的教誨引導孩子逐漸走向成熟，對孩子今後的成功同樣具有重大而深遠的意義。家庭教育作為孩子通向社會的第一座橋梁，對孩子個性品質的形成，以及健康成長起著重要的作用。若家庭教育失當，這些獨生子女容易出現以下一些心理偏異。

(1) 父母的嬌寵溺愛，容易使孩子變得自私，遇事先考慮自己的利益得失，從不為他人著想。

(2) 長輩們對「獨苗苗」百般愛護，不願約束孩子。致使孩子在家庭結構中，不尊重長輩、而是唯我獨尊，走向社會也不懂得如何尊重別人。

(3) 獨生子女沒有兄弟姐妹為伴，既不易養成與人協同合作的精神，又缺少競爭性，所以導致社會適應能力差，容易形成孤僻的個性傾向。

(4) 在家裡，許多本該獨生子女自理的工作都由父母代勞，這樣容易使他們養成依賴性，而缺少勞動自覺性，長此以往，自主精神和能力都很差。

(5) 家長望子成龍、望女成鳳心情急切，利用孩子的休息時間，花費大量金錢請家庭教師，幫助孩子學習琴棋書畫，沒完沒了。這樣必然佔用孩子應有的遊戲時間，勢必會促使孩子產生厭學情緒。

拒絕白目溝通
簡單複製成功

那如何才能盡善盡美的進行家庭教育呢？這就對我們的父母提出了更高的要求。即把心理學融入到家庭教育當中。

我們先來看這樣一個發生在我們身邊的事例：

有一個八歲的小男孩，有一天放學以後怒氣衝衝地回到家裡，進門以後便使勁地踩腳。此時他的父親正在院子裡幹活，看到兒子生氣的樣子，就把他叫了過來，想和他好好聊聊，以便瞭解兒子如此氣憤的原因。

這個小男孩很不情願地走到父親身邊，氣呼呼地說：「爸爸，我現在非常生氣。同學以後別想再好過了。」

父親一邊幹活，一邊靜靜地聽兒子訴說。兒子說：「同學讓我在朋友面前丟臉，我現在特別希望他遇上幾件倒楣的事情。」

他父親聽完後，默默地走到牆角，找來一袋木炭，對兒子說：「兒子，你把前面掛在繩子上的那件白襯衫當做同學，把這個塑膠袋裡的木炭當做你想像中的倒楣事情。你拿木炭全力去砸白襯衫，每砸中一塊，就象徵著同學遇到一件倒楣的事情。等你把木炭砸完了以後，我們再來看看會是什麼樣子。」

兒子覺得這個遊戲很好玩，便毫不猶豫地拿起木炭向白襯衫上砸去。可是白襯衫掛在比較遠的繩子上，即使他用盡全力把木炭扔完了，也仍然沒有幾塊扔到襯衫上。

這時候父親緩步走過來，問道：「兒子，你現在感覺怎麼樣？」

小男孩回答說：「爸爸，我雖然很累，但我很開心，因為我扔中了好幾塊木炭，白襯衫上有幾個黑印子。」

從兒子的回答中，這位用心良苦的父親看到兒子並沒有明白他的真正用意，於是便讓他去照照鏡子。兒子也很順從的去照了鏡子，這時候讓人吃驚的事情發生了。兒子看到大鏡子裡的自己滿身都是黑炭，

從臉上只能看到牙齒是白的。兒子的白襯衫並沒有變得特別髒，而他自己卻成了一個「黑人」。

這位父親的教育方法就很值得我們去借鑒，因為他並不是簡單的說教，或者是擺大道理說孩子的這種想法是錯誤的，是行不通的，而是選用一個形象而直觀的教育方式，讓孩子在親身經歷的實驗中，明白自己錯了。

有時候，我們的壞念頭雖然在別人身上兌現了一部分，別人倒楣了，但是它們也同樣在我們身上留下了難以洗去的污痕。

俗話說得好，「父母是孩子的第一任教師」。家庭教育既是搖籃教育，也是終身教育。家庭教育因其特殊的地位和影響，在我們的大教育系統工程中起著舉足輕重的作用，因此家庭教育一定要懂點心理學。

8 揣摩對方心理，把話說到心窩裡

卡內基說：「一個人的成功，約有 15% 取決於技術知識，85% 取決於口才藝術」。可見，一個人是否會說話辦事，已成為一個人生活及事業能否取得成功的關鍵因素。

很多時候，辦事絕不僅僅是金錢上的往來，從一定意義上來說，它更是人與人之間感情的交流，好的語言能讓人為你心甘情願的辦事，如果有人能抓住對方的心思說話，那麼他的語言就達到了藝術的最高境界。

抓住對方的心思說話，有兩種情況，一種是抓住對方的優點來說話，一種是對大家不注意的細微優點來讚美。兩者比較，我相信大家一定會認為後一種說話會更加令人喜悅。

清代，在童監的挑選中，安德海認識了黃承恩這個舉足輕重的關鍵人物，要想在宮內站穩腳跟非討得黃公公喜歡不可。安德海有一套討人喜歡的本事，他有幾個得天獨厚的條件：第一，他與黃承恩是老鄉，都是青縣人，又有陳公公的推薦；第二，安德海長了一副好模樣，天生的笑臉兒；第三，安德海聰明過人，會來事兒，加之他面對黃公公一個頭磕在了地上，認了個恩師，師徒之間如同父子。安德海那點兒本事算是施展開了，他真的是很殷勤，小心伺候，早晚不用指使便主動給師傅鋪床疊被倒便盆，端飯打水洗衣衫，滿口地喊著老師，哄得個黃老太監是滿心高興。黃總管心說：這孩子果然是棵好苗子，於是對他格外關懷，把宮中的禮節、稱呼、規矩、忌諱等都一一告訴了安德海，就連最常用的知識也都告訴了他。如對皇上應稱萬歲，皇上和后妃吃飯要說用膳，飯後問好要說進得好，起床問安要說歇得好，

凡皇上家族裡的人最忌諱提名字，音同字不同也不行，一旦觸怒主子，輕則遭頓毒打，重則招來殺身之禍……這些宮裡的禮儀都教給了他。這些東西，安德海全都記在了心裡，他怕忘記，反覆背誦，反覆演習，為了討得主子的歡心，他可真是下了一番工夫。

再來說說這個道光皇帝吧，他共有九個兒子，前面三個都死了，第四個皇子便是奕詝，若論長幼，應立四皇子奕詝為太子，可六皇子奕訢無論是口才、文才、武功都比奕詝強，因此道光一直拿不定主意，對四皇子和六皇子進行了很多次的掂量考驗。

道光三十年春，這天風和日麗，道光要帶領六個皇子去南苑打獵，意在考驗各個皇子文才武略和應變能力，為以後皇位的確定留下一個參考。皇帝要選太子，這已是公開的祕密了，因此六個皇子各做準備，都想取得父皇的歡心，以便將來獲得皇位，尤其是四皇子奕詝和六皇子奕訢，不用說他們就是相互爭奪的對手了。

四皇子有一個足智多謀的老師——杜受田，他在四皇子身上下的工夫很大，希望他能登上皇位，自己也跟著沾光，可他也掂量過，奕詝與其他皇子比較起來，除了排行第四占了個有利的位置之外，其他方面都平常，甚至比其他皇子略遜一籌，如若稍一讓步，這皇位定然被六皇子奪去，他為了這事很著急。

安德海看出了門道，上前問道：「杜老大，你老人家滿臉愁容，定有為難之事，莫不是為明日行圍采獵之事？」

四皇子一旁喝道：「不許胡說！」

安德海道：「噓！」

杜受田心想，這孩子能看出我的心事，看來是個有心計的孩子，隨口道：「不，讓他說下去！」

安德海道：「我曾聽人講過，三國時曹操的大兒子曹丕和三兒子

曹植也有與現在相似之處，不過奴才記不太清楚了。」

杜受田眼睛一亮，把手一擺道：「好了，不必往下說了，你說得很好，很有道理。」

奕訢不解其意，問師傅道：「這是怎麼回事呀？」

杜受田道：「你到時候就如此這般、這般如此，這麼、這麼辦！」

四皇子聽後連連點頭稱是。

過了一天，道光帶領六個皇子來到南苑，傳旨開始圍獵。諸位皇子各顯身手，直追得那些飛禽走獸東奔西跑，到處亂蹦亂飛，其中最數六皇子奕訢，幾乎箭無虛發，滿載而歸，而四皇子奕訢卻是兩手空空，一無所獲。道光帝不由龍顏大怒，大聲呵斥。奕訢因有老師提前安排，不慌不忙地奏道：「兒臣以為目前春回大地，萬物萌生，禽獸正是繁衍之期，兒臣不忍殺生害命，恐違上天好生之德，是以空手而回，望父皇恕罪。」道光帝聽罷，心想這倒是我沒有想到的他卻想到了，倘若讓他繼位，必能以仁慈治天下，不禁轉怒為喜，立即對四皇子的仁慈之心進行了一番誇獎。

沒過幾年，道光便得了重病，知道自己活不了多少時日，急喚諸皇子到御榻前答辯。消息傳開，四皇子和他的老師杜受田都知道這是最關鍵的一次較量了，能否登基在此一舉，他們二人都做好充分的心理準備，但兩人對坐半日卻苦無一策，安德海又獻上一計說：「萬歲爺病重，到御榻前之後什麼也不用說，只說願父皇早日康復就行，剩下的就是流淚，卻不要哭出聲來。」二人一聽大喜。

到了第二天，六位皇子被詔至龍床前，果然道光提出了一些安邦治國的題目讓諸皇子回答，別人誰都比不上六皇子答的頭頭是道，道光甚為滿意，卻發現四皇子一言不發。道光一問，他頭一扭淚如雨下說：「父皇病重，龍體欠安，兒臣日夜祈禱，唯願父皇早日康復，此

乃國家之幸，萬民之福，此時兒臣方寸已亂，無法思及這些。倘父皇如有不測，兒臣情願龍駕而行，以永侍身旁。」說完這些話就淚如雨下，淚水擦也擦不完。

道光聽了他說的話，心中太感動了，心想此真孝子仁君，於是決心立四子奕詝為太子，這就是二十歲登基的「咸豐」皇帝。因為安德海在關鍵時候立了大功，所以越來越受咸豐的喜愛，地位自然就越來越高了。

每一個人都有說話的權利，但是如果想要成功做事，你就必須考慮一下你說出的話是否能抓住對方的心思，會帶來什麼樣的後果，只有讓你的語言首先經過大腦這一關，那麼你說的話才會收到好處，才會收穫成功。

善於觀察與利用對方的微妙心理，是幫助自己提出意見並說服別人的要素。

9 從眼神窺視對方動機

　　眼睛是上帝賜給人類的禮物。從一個人的眼睛中，可以讀懂一個人的全貌。一個人所思所想，很多時候會通過他的眼神表現出來，通過觀察一個人豐富的眼睛語言，也可以在某種程度上對他有一個大致的瞭解和認識。

　　在面部的五官中，眼睛是監察官，這大概是因為它「明察秋毫」。人要傳出的資訊，也有一部分是通過眼睛傳出，尤其是情感方面的內容。人的精神氣質，喜怒哀樂，很大程度上是由眼睛所顯示出來的，俗話說，炯炯有神，眉目傳情，暗送秋波，及眼睛是心靈的窗戶，都是這個意思。同時，眼睛又是人的身體健康狀況的顯示幕。眼睛黑白分明，神氣清爽，是健康之象；灰暗渾濁，枯澀呆滯，是不健康之象；顧盼無光，昏花恍惚，是衰弱之象。正因為眼睛對於面孔如此的重要，所以說「目者面之淵，不深則不清」，淵要深才清，清才美。目也應該深，從而至清並至美，否則，便不會清，也不會美。

　　泰戈爾說得好：「任何人一旦學會了眼睛的語言，表情的變化將是無窮無盡的」。

　　有時，眼睛似乎也會說話，一個人的內心活動，經常會反映到他的眼睛裡，心之所想，透過眼睛就能看出，這是每個人都很難隱瞞的事實。

　　孟子在《離婁上篇》中有一段用眼睛判斷人心善惡的論述：「存乎人者，莫良於眸子。眸子不能掩其惡：胸中正，則眸子了焉；胸中不正，則眸子眊焉。」

　　眼神的清濁，對於識人而言，至關重要。古人通過不斷的研究和

觀察，把眼神區別為清與濁兩種，清與濁是比較容易區別的，但邪與正卻不容易區分，因為邪與正都是托身於清之中的。考察一個人眼神的邪正，要從動靜兩種狀態入手。

眼睛處於安靜狀態時，目光安詳沉穩而有光，宛如晶瑩玉亮的明珠，含而不露；處於運動觀物狀態時，眼中光華生輝，精氣閃動，猶如春水之蕩清波。或者眼睛處於安靜狀態時，目光清瑩明澄，靜若無人；處於運動狀態時，鋒芒內蘊，精光閃射，猶如飛射而出的箭，直中靶心。以上兩種表現，澄澈明亮，一清到底，屬神正的狀態。

眼睛處於安靜狀態時，目光像螢火蟲的光，柔弱卻又閃爍不定；處於運動狀態時，目光又像流動的水，雖然清澈，但遊移不定，沒有歸宿。以上兩種目光，一種屬於奸巧和偽善的神情，一種屬於奸心內萌的神情。處於安靜狀態時，眼睛似睡非睡，似醒非醒；處於運動狀態時，又像受驚嚇的鹿，總是惶恐不安的樣子。以上兩種神態，一是聰明而不行正道的表現，一是深謀內藏、又怕別人窺探的表現。前一組神情多是品德欠高尚、行為欠端正的表現，後一組神情多是奸心內萌、深藏不露的表現。這兩種狀態都屬於奸邪神情，由於二者都混跡在清瑩之中，因此必須仔細、正確地區分。

觀察一個人的「眼神」，是辨別他忠奸的一個途徑。「眼神」正其人大致正直，「眼神」邪其人大致奸邪。平常所說的「人逢喜事精神爽」，是不分品質好壞而人所共有的精神狀態。諸葛亮就是這樣一個通過眼神識別人物的高手。

當時，曹操派刺客去見劉備，刺客見到劉備之後，並沒有立即下手，並且與劉備討論削弱魏國的策略，他的分析，極合劉備的意思。

不久之後，諸葛亮進來，刺客很心虛，便託辭上廁所。

劉備對諸葛亮說：「剛才得到一位奇士，可以幫助我們攻打曹操

的勢力。」

諸葛亮卻慢慢地歎道：「此人見我一到，神情畏懼，視線低而時時露忤逆之意，奸邪之形完全洩漏出來，他一定是個刺客。」

於是，劉備連忙派人追出去，刺客已經跳牆逃去了。

在瞬息之間，透過眼神的變化，看出一個人的目的和動機，固然需要先天的智慧，但更多的是靠後天的努力，因為這種智慧是在環境中磨煉和培養出來的。諸葛亮能夠看透此人，主要是從他的眼神閃爍不定中發現破綻的。所以，通過觀察一個人豐富的眼睛語言，也可以在一定程度上對他有一個大致的瞭解和認識。

(1) 當一個人對另一個人產生了好感，他沒有用語言表達出來的時候，多會用一種帶有幸福、欣慰、欣賞等感情交織在一起的眼光不住地打量對方。

(2) 當一個人表示對另一個人的拒絕時，他會用一種不情願，甚至是憤怒的眼神，輕蔑地進行嘲諷。

(3) (3) 當一個人看另一個人時，用眼光從上到下或是從下到上不住地打量時，表示了對他人的輕蔑和審視。而且這個人有良好的自我優越感，不過有些清高自傲，喜歡支配別人。

(4) 在談話的時候，如果有一方眼光不斷地轉移別處，這說明他對所談的話題並不是十分感興趣，另一方意識到這一情況後，應該想辦法改善這種局面。

(5) 在談話中，一方的眼神有灰暗或是比較平常的狀態，突然變得明亮起來，表示所談的話題是切合他心意的，引起了他極大的興趣，這是使談話順利進行的最好條件和保證。

(6) 在兩個人的談話中，一個人在說話時，既不抬頭，也不看另外一人，只顧說自己的，這很大程度上表示了對另外一個人

的輕視。

（7） 當一個人用兩隻眼睛長時間地盯著另外一個人時，絕大多數情況都是期待著對方給予自己一個想要的答覆。這個答案的內容是多種多樣的，可能是一項計畫的起草，可能是一份感情的承諾，不一而定。

（8） 當一個人用非常友好而且坦誠的眼神看另外一個人，間或地還會眨眨眼睛，說明他對這個人的印象比較好，他很喜歡這個人，即使他犯了一些小錯誤，也可以給予寬容和諒解。

（9） 當一個人用非常銳利的目光、冷峻的表情審視一個人的時候，有一種警告的意思。

　　眼睛是心靈的窗戶，眼睛裡隱藏著內心的諸多祕密，要在最短的時間內看透對方心理，不妨先從眼睛開始解讀對方。

10 瞬間識破謊言

　　美國一名心理學家稱，人是愛講謊話的動物，而且比自己所意識到的講得多，平均每日最少說謊 25 次。麻省大學社會心理學家費爾德曼認為謊言有不同層次之分，而說謊的動機可歸為三大類。第一類是「正性謊言」，也就是指一些對生活造成有利影響的謊言，正如社會心理學家費爾德曼針對這類謊言解釋道：「懂得在適當的時候撒謊或扭曲事實，是待人接物的技巧。」第二類是「中性謊言」，這些謊言很多不受意識支配，或者說了也不會對自己或他人造成不利。第三者是「負性謊言」，這類謊言會對自己或他人造成不利。因此，我們說謊言是為了某種需要，或者有難言之隱時，人們時常隱瞞自己真正的想法，而出現口是心非、表裡不一的狀態。它是我們認識一個人的障礙。不過，只要我們時刻留心觀察，同樣可以瞬間識破謊言。

　　美國加利福尼亞大學心理學教授埃克曼在他的《鑒別說謊》一書中這樣寫道：「破謊術是一門任何人都能學會的技巧。因為在撒謊期間，多數人不知不覺地洩露出大量的資訊。判斷真實與否，是密切注意說話者的面部、軀體、聲音所發出的信號。說謊者通常是不能控制、支配、掩飾自己所有行動的。」

　　那究竟何謂謊言呢？讓我們從各方面來舉例加以說明吧！

　　「啊！這個小女孩很漂亮喲！」——好難看的小姑娘。

　　「我經常來你們這買東西，難道就不能便宜一點嗎？」——實際上是第一次上門而已。

　　「我發誓我非常愛你」——其實，心裡正在想著別的女人。

　　「今天晚上我值班，不能回家了，你自己吃飯吧。」——事實上

是和朋友喝酒去了。

「你人很聰明，我相信，只要你肯努力，就一定會成功的。」——他已經愚蠢到不可救藥的地步。

「你要是再哭的話，老虎就會把你吃掉。」——嚇唬小孩。

「親愛的！天地良心，我跟你說的可都是肺腑之言，你若不信，我就立刻……」——鬼話連篇、口是心非。

「媽媽！我去同學家了，和他們一起複習功課。」——其實是跑出去和同學溜冰去了。

……

當然，有些謊言是善意的謊話，那是必須的。它們是為了勉勵、安慰別人而一定要說的。比如，對於癌症患者。生活中的謊言是無處不在的，能清楚識別是關鍵。

通常說謊者的假動作有：

（1）磨擦眼睛

人們在說謊時，往往會去磨擦眼睛以避免與人的目光接觸。古語云：「非禮勿視」，這種姿勢表示大腦想遮住眼睛所看到的欺騙、懷疑的事物；或者是在說謊時，避免正視對方的臉。

男人通常揉得比較用力，而且如果是明顯的撒謊，常常就把眼睛往別處看，通常是看地板。女人則是在眼下方輕輕的揉，為了避免對方的注視，她們常會眼睛看著天花板。

（2）觸摸鼻子

當一個人說謊後，會有一種不好的想法進入大腦，於是會下意識地指示手去遮捂嘴。但是，到了最後的關頭，又害怕別人看出他在說謊。因此，只是很快地在鼻子上摸一下，馬上就把手放下來。當一個人不是在說謊，那麼，他觸摸鼻子時，一般是要用手在鼻子上磨擦一

會兒，或搔抓一下，而不是只輕輕觸一下。

古人曾流傳下來這樣一句話：「鼻子直通大腦。」認為鼻子是一種傳達信號的工具。說謊時鼻子的神經末梢被刺痛。摩擦鼻子是為了緩解這種感覺。這是一種關於摩擦鼻子的說法。每個人都有自己表示不安的方式，各有特色。總之，說話時有這種姿勢的人很值得懷疑。

（3）抓耳朵

這種手勢常暗示著聽者沒有聽出謊言。搓耳朵的變化形式還包括拉耳朵，這種手勢是小孩子雙手掩耳動作在成人動作中的一種重現。抓耳的說謊者還會用手拉耳垂或將整個耳朵朝前彎曲在耳孔上，後一種手勢也是聽者表示厭煩的標誌。他們比較膽小，歲數也不大，不成熟讓他們在不經意間使出兒時的動作來掩飾自己的忐忑不安。

（4）掩嘴

當有人在與你說話時，不自覺地時常出現用手護著嘴的動作。用拇指觸在面頰上，將手遮住嘴的部位稱作掩嘴，這是一種明顯未成熟、還帶孩子氣的動作。也許說謊者大腦潛意識中使他不想說那些騙人的話，而導致了掩嘴這一動作。也有人假裝咳嗽來掩飾其捂嘴的動作，分散自己的注意力。如果一個同你談話的人常伴有掩嘴的手勢，說明他也許正在說謊話。可當你講話時，聽者掩著嘴，也許說明聽者覺得你說的話令他不滿意。

有時，這種掩嘴的動作可能會出現不同的形式：用指尖輕輕觸摸一下嘴唇；將手握成拳狀，將嘴遮住。

（5）搔脖子

說謊者講話時常用寫字的那只手的食指撓耳垂下方部位。研究發現，說話時用手搔脖子表示懷疑或不肯定，在搔脖子的同時常會說：「我不能肯定」之類的話。這證明他對自己的講話缺乏足夠的底氣；

做事的時候，他們用手搔脖子，表明他們對這件事缺乏信心。

有人在股票市場觀察過這樣一個股民，在作出決定前的一分鐘，一直不停地用手搔脖子。這足以證明在下決心之前，她的內心掙扎是多麼地激烈。

專家對搔脖子的行為得出了這樣一個結論：一般情況是搔脖子 5 次，而少於和多於五次的情況比較少見。

（6）拉衣領

專家研究發現，當一個人說謊時，往往會引起敏感的面部和頸部組織的刺痛感，因而就必須用手來揉或搔抓。說謊的人感到對方懷疑他時，脖子似乎都會冒汗，這時他會有意識地拉一拉衣領。

說謊者除了以上幾種表現外，還有其他一些表現，如：平時沉默寡言，突然變得口若懸河；不自覺地流露出驚恐的神態，但仍故作鎮定；言詞模棱兩可，音調較高，似是而非；答非所問，或誇大其詞；故意閃爍其詞，口誤較多；對你所懷疑的問題，過多地一味辯解，並裝出很誠實的樣子；精神恍惚不定，座位距你較遠，目光與你接觸較少，強作笑臉；對於你的講話，點頭同意的次數較少。如此等等。

那我們怎樣才能瞬間識破說謊者的謊言呢？下面教你幾種識別謊言的具體方法：

（1）要留意說謊者的慣用伎倆；

（2）要留意說謊者的驚訝表情；

（3）面部表情是不對稱的；

（4）從反面識破對方；

（5）講話中常發生口誤和中斷現象；

（6）以試探方法去識破對方；

（7）換位思考，站在對方的立場來分析對方；

(8) 說謊者的音調會突然提高。

認識對方內心的方法，跟識破謊言者的方法在一定程度上有某種連帶的關係，所以多多少少會有些重複的說法。為此，我們現在就針對「要如何去識破對方的謊話，迫使其說真話」來加以探究。

(1) 使說謊者解除心中的「武裝」

試圖說謊和正在說謊的人，他們的心裡一定會先武裝起來，就像閉得緊緊的河蚌一樣，你愈急著把它打開，它反而閉得愈緊。如果你暫時不去理會它，它就會解除心中的武裝，一會兒它就自然的打開了。正所謂是「欲速則不達」。所以這個時候，不要和他正面衝突，我們應該在對方有些動搖的時候，找出對方的弱點。運用循循善誘的方法使對方信賴你，讓他們有一種安全感。也就是說，我們要運用技巧，使對方因為你的影響而把實話完全吐露出來。

(2) 使對方反覆地做出同樣的事

謊話只能說一次，如果經過兩次、三次的重複，或多或少就會露出馬腳。我們在日常生活中，常會發現這樣的現象。例如：同事打電話來說：對不起，我家今天來客人了，不能去上班了，麻煩你幫我向領導請個假，謝謝！回頭請你吃飯。等過了幾天以後，你可以不經意地問他：「前幾天你為什麼要請假呢？請假可是要扣全勤獎的喲！」這時他可能會說：「沒辦法呀，我家寶寶得了急病！」由此，我們就很容易判斷了，不是嗎？

(3) 要有效地利用證據

迫使說謊者說出實話，最有效的方法就是拿出有效的物證，它是識破謊言最好的方法，也是最有力的武器。因為不論對方多麼的巧舌如簧，只要我們有確鑿的證據，他就不得不俯首承認了。

上述方法，到底運用哪一種方法比較好呢？當然，這要看對方的

情況而定了。有時不能只用一種方法，必須綜合運用多種方法才能收到良好的效果。

　　人一輩子都被謊言和欺騙所糾纏，上面的方法讓你暢懷大笑的同時又能洞見人性的真貌、看清騙局背後的真相，從此活得明明白白，不再受騙上當！

拒絕白目溝通

簡單複製成功

第七章
贏在距離，把握交際的尺度與分寸

　　俗話說：距離產生美。距離是一根皮筋，拉長，感情才有繃緊的張力；距離是一張弦弓，拉長，感情才有衝動的欲望；距離是一根彈簧，拉長，感情才有接近的期求。尤其是在人際關係網越來越密集、聯絡方式越來越便捷、個人隱私越來越難以堅守的現代社會，尊重個人的空間、保持合適的距離就顯得尤為可貴和必需。

1 幽默要有度,玩笑要得體

開玩笑隨意性固然很大,但要注意的禁忌也很多。玩笑中蘊涵著深刻的智慧,千萬不能亂開。開玩笑,損人應有尺度,有分寸,否則傷害人、得罪人而不自知,那才得不償失。因此要開玩笑之前應該三思,以免出口成刀,傷害他人。

某廣告公司裡有一位女員工小劉,她新婚不久就開始發福,原來纖瘦的身材逐漸胖了起來,或許是因為婚姻有了歸屬、生活穩定的緣故吧!

有一天,一位男同事的妻子來公司給丈夫送東西,不料與小劉相遇了,而小劉恰好與她是舊相識,大家聊了一會兒,男同事的妻子突然對小劉說:「哎呀,你怎麼搞的呀,現在胖成這個樣子,臉胖得都看不見眼睛了,再發展下去真的是不堪設想啦!」在場的所有人都大笑起來。

小劉的臉頓時沉了下去,沒說一句話,轉身離開了,等笑她胖的人都走了以後,小劉再也壓不住心中的火氣,破口大罵。

同事送走妻子回來後,見此情景立即賠不是,場面搞得十分尷尬。後來,小劉再也沒有與同事的妻子來往。

朋友間開玩笑要講究尺度與分寸,即使雙方關係再好,開玩笑也要注意別過火,避免惡語傷人的現象出現。

有點過但無傷大雅,這樣的玩笑是可以開的,但故事中男同事的妻子與小劉開玩笑時的用詞,確實是太損了些,小劉難以接受也是情有可原的,與同事的妻子斷絕情分也是預料之中的事情。

生活中,因為一個玩笑而造成的悲劇是在是數不勝數,究其根源

大多數是因為玩笑開得太過火，造成了惡語傷人。

在一個政府機關的辦公室裡，大家給李幹事起了個外號「亮仔」，只因他頭髮少，而且禿頂。對於大家送給他的外號，他不僅不生氣，還說在辦公室裡數自己最帥，無愧為「靚仔」的稱號。

他喜歡活躍氣氛，經常講笑話，比如，他會講：「一次全城停電了，一片漆黑，樓上的人都出來了，這時樓下大娘喊，小李，小李⋯⋯你們家是不是起火了，怎麼那麼亮呢？大家猜猜為什麼？」大家你一言我一語的猜來猜去，就是猜不中，然後他摸著自己的光頭說：「因為我在家。」大家聽完，哈哈一笑，因為大家都知道這是李幹事在自嘲。

有一天，公司的大領導到「亮仔」的部門小坐，同事們都不敢說話，氣氛比較緊張。這時，「亮仔」又開始講笑話，他說：「我們那兒有個廟，廟裡有兩個和尚，一次有個賣傘的路過廟門口，就開始吆喝，還問他們要不要買傘。」和尚說：「光頭光頭，下雨不愁，人家有傘，我有光頭。」賣傘的一聽接著說：「禿驢一個，還在這賣弄學問，怪不得，你聰明絕頂呢。」可是，這次他講完之後，居然沒人笑，氣氛十分尷尬。這時他才發現，大領導的臉色很難看，原來大領導的腦門比他的還禿還亮。這件事過後，李幹事就被上級調離了原來的崗位，打發到基層去鍛煉去了。

所以，開玩笑要講尺度，不要因一句無心的話而讓彼此尷尬，情感疏離。

當然，不要因為怕把玩笑開得過了火，就不與別人開玩笑，整天一本正經的，這樣做沒有太大的必要，因為別人會認為你是一個不可愛的人。所以，生活中與人開玩笑是必要的，但是在開玩笑之前，必須加以考慮，注意措辭。

任何人都有自尊心，或許他本人不在乎別人的嘲弄，可是對他在

拒絕白目溝通
簡單複製成功

乎的人遭到嘲弄卻不能忍受，如果你沒有摸清楚這樣人的喜好，就擅自拿他在乎的人開了些不得體的玩笑，即使他當時不會對你怎樣，可事後也會把你對他造成的傷害記在心裡。一個人不可能被另一個人完全瞭解，這是不爭的事實，更何況每個人的喜好厭惡不同，或許你認為好玩的，在他眼裡那只不過是小兒科。歸結一點，就是告訴人們，開玩笑時要看人。

許多人喜歡拿別人開玩笑或嘲弄別人，可是在不知不覺中就將玩笑開得有些過火，傷了雙方的情分。因此，在開玩笑之前必須好好動動腦子，管好自己的嘴，以免出口成刀，傷人無形。凡是有批評味道、敏感及隱私問題的玩笑最好不要開，防止玩笑過了火，變成中傷他人的的武器。

因此，開玩笑一定要掌握好以下「規則」：

（1）內容要高雅

笑料的內容取決於開玩笑者的思想情趣與文化修養。內容健康、格調高雅的笑料，不僅給對方啟迪和精神享受，也是對自己美好形象的有力塑造。鋼琴家波奇一次演出時，發現全場有一半座位空著，他對聽眾說：「朋友們，我發現這個城市的人們都很有錢，我看到你們每個人都買了二三個座的票。」於是這半屋子聽眾放聲大笑。波奇無傷大雅的玩笑使他吸引了更多的觀眾。

（2）態度要友善

與人為善，是開玩笑的一個原則。開玩笑的過程，是感情互相交流傳遞的過程，如果借著開玩笑對別人冷嘲熱諷，發洩內心厭惡、不滿的感情，那麼除非是傻瓜才識不破。也許有些人不如你口齒伶俐，表面上你占到上風，但別人會認為你不尊重他人，從而不願與你交往。

（3）行為要適度

開玩笑除了可借助語言外，有時也可以通過行為動作來逗別人發笑。有對小夫妻，感情很好，整天都有開不完的玩笑。一天，丈夫擺弄鳥槍，對準妻子說：「不許動，一動我就打死你！」說著扣動了板機。結果，妻子被意外地打成重傷。可見，玩笑千萬不能過度。

（4）對象要區別

同樣一個玩笑，能對甲開，不一定能對乙開。人的身份、性格、心情不同，對玩笑的承受能力也不同。一般來說，晚輩不宜同長輩開玩笑；下級不宜同上級開玩笑；男性不宜同女性開玩笑。在同輩人之間開玩笑，則要掌握對方的性格、情緒等資訊。

（5）場合要分清

美國前總統雷根，在一次國會開會前，為了試試麥克風是否好使，張口便說：「先生們請注意，5 分鐘之後，我將對蘇聯進行轟炸。」一語既出，滿座譁然。為此，前蘇聯政府提出了強烈抗議。可見，雷根在錯誤的場合、錯誤的時間裡，開了一個極為荒唐的玩笑。一般來說，在莊重嚴肅的場合不宜開玩笑。

任何場合，開玩笑都不是鬧著玩的，哪怕是最輕鬆的玩笑，都要把握好分寸。

2「激將」也要把握好「度」

俗話說：「請將不如激將。」在多數情況下，利用激將法往往會激發對方的衝動情感，使其情緒失控，這樣使得對方在無意識中被你操縱，去做你想讓他做的事。

所謂「激將」就是通過一定的語言手段刺激對方，激發對方的某種情感，由此引起對方情緒的波動和變化，並使這種情緒波動和心態變化朝著我方所預期的方向發展。

某紡織廠曾進口了一整套現代絲襪生產設備，但由於原料與技術力量跟不上，所以機器一直被擱置了 3 年也未曾使用。

後來，一位新廠長上任了，她決定將這套生產設備轉賣給另一家紡織廠。

正式談判前，新廠長瞭解到了對方兩個重要的情況：一是該廠雖經濟實力雄厚，但資金基本上都投入再生產了，要馬上騰挪一百萬添置設備，困難很大；二是該廠廠長年輕好勝，幾乎在任何情況下都不甘示弱，經常以拿破崙自詡。

於是，新廠長決定親自與對方談判。

談判中，新廠長說：「昨天在貴廠轉了一整天，詳細瞭解了貴廠的生產情況。你們的管理水準確實令人信服。你年輕有為，能力非凡，真使我欽佩。可以斷言，貴廠在你這位精明廠長的領導下，不久一定可以成為紡織行業的一顆新星！」

對方廠長笑道：「哪裡哪裡，您過獎了！我年輕無知，懇切希望得到您的指教！」

「我向來不會奉承人，實事求是嘛！貴廠今天辦得好，我就說好；

明天辦得不好，我就會說不好。」

對方廠長說：「您對我廠的設備印象如何？不是說打算把你們進口的那套現代化生產設備賣給我們嗎？」

「貴廠現有的生產設備，在國內看是可以的，至少三五年內不會有什麼大的問題。至於轉賣設備之事，昨天透露過這個想法，在貴廠轉了一天後，我的想法有所改變了。」

對方廠長：「有何高見？」

「高見談不上。只是有兩個疑問：第一，我懷疑貴廠是否真有經濟實力購買這樣的設備；第二，我懷疑貴廠是否有或者說能否招聘到管理操作這套設備的技術人才。所以，我並不像原先考慮的那樣，確信將設備轉賣給貴廠，能使貴廠 3 年之內蒸蒸日上。」

對方廠長聽到這些，覺得受到了對方的輕視，心中大為不悅。於是，不無炫耀地向對方介紹了本廠的經濟實力和技術力量，表明本廠完全有能力購進並能操作管理這套價值幾十萬元的設備。

經過一番周旋，這位新上任的廠長成功地將「休養」了 3 年的設備轉賣給了對方。

「激將」的效果如何，全在於心理刺激的「度」掌握得怎樣，有的「稍許加熱」即可；有的則要「火上澆油」；有的只需「點到即止」；有的可以「藏而不露」；有的則要「窮追猛打」……

在辦事的過程中，如果能根據對方的脾氣稟性，投其所好，然後利用激將的辦法，使對方產生某種心裡上的傾向，這樣能夠調動辦事人的自尊心、自信心，辦起事情來也會更加得心應手。

李影是一家公司的老闆，由於公司的生意越做越好，於是她產生了一個想法，想投資再建造一座辦公大樓，但是投資建造大樓需要的資金較多，而她又不可能把手上的資金全部用於興建辦公樓，於是她

拒絕白目溝通
簡單複製成功

希望能從銀行借到款，以緩解經濟緊張的狀況。然而不幸的是，她走訪了很多家銀行，卻始終沒有貸到一筆款，而辦公樓的施工費用如今只剩下一周的周轉資金。在銀行處處碰壁之後。她靈機一動想到了可以向保險公司借款，於是，她把目標鎖定到了保險公司身上。

第二天，她馬上約了一位保險公司的經理一起吃飯，然而，李影剛剛拿出自己的辦公樓圖紙讓這位經理看時，那位經理馬上說：「我們今天見面只是吃飯，不談公事，如果想要談公事，你可以明天早上到我辦公室來談。」話已經說到這裡了，李影也不好再談工作方面的事，唯有陪同一起進餐。

第二天一大早，李影就來到了這家保險公司，因為通過昨晚的聊天，她斷定這件事今天一定能辦成。她到了這家保險公司後，與經理簡單的寒暄幾句，立刻開門見山的直奔主題，她說：「希望能在貴公司貸一筆款，而且希望今天就能把款帶走。」

這位經理一聽她的話，說：「您這是在和我開玩笑吧，一天之內怎麼可能把事情辦成，更何況我們也從未在一天之內給過這樣貸款的承諾，你這樣讓我很為難。」

李影一聽他的話，立刻對他說：「您是這個公司的經理，辦這些事對您來說還是很輕鬆的，更何況您也應該試一試，看您有沒有足夠的能力在一天之內把事情辦成，不過我是很相信您有這個能力的。」

這位經理看了看她，嘴角露出了一絲淡淡的微笑，說：「你這是咄咄逼人啊，不過，看在朋友的面子上，我就勉為其難，幫你一把，試一試看吧。」

就這樣，本來說試一試的事情在一天之內果然辦成了，李影也緩解了暫時的辦公樓財政困難。

迫在眉睫的事，李影很輕鬆就辦成了，她的成功取決於能夠巧妙

的使用「激將法」，並且把握好了激將的「度」。但是使用這種方法也要適時而動，抓住對方的厲害所在，讓別人把自己不想做的事辦成功。文中的李影就是抓住了保險公司經理想要展示一下自己的權利的心裡上，然後切其要害地說「看您有沒有足夠的能力在一天之內把事情辦成」，這樣一句簡單的話語，卻滲透了對保險公司經理權利的考驗，這種激將法很容易會使他產生「那我就讓你看看我的能力的想法」，這樣在辦這件事的過程中，他就會全力以赴，事情也自然會取得圓滿的結局。

激將法往往會使對方產生這樣的心裡，讓對方感到這件事已經不再是根據自己的意願去做事，而是帶有很強的強迫意味，讓對方感到我必須去做，而且一定要去做，在求人辦事時，激將法也會達到不花錢巧妙辦成事的作用。所以，很多想要成功辦事而又囊中羞澀的人不妨使用這一招來達到辦事效果。

「點將」不如「激將」，「激將」有度任何事情都可水到渠成，針對不同的人，運用不同的「激將」方式，可以讓我們順利達成目的，辦起事情來如魚得水。

3 放下架子，縮短距離

　　放下架子是領導與下屬縮短距離的前提條件。一個領導者如果賣弄權勢。那麼他就等於在出賣自己的無知；領導賣弄富有，等於出賣自己的人格。擺架子的人，不僅領導關係搞不好，群眾關係也搞不好。

　　作為領導，很容易產生高高在上的感覺，通俗說就是「擺架子」。「擺架子」是沒有好處的，對於下屬而言，領導本來位置就高高在上，具有一種相對優越性。如果領導不注意自己「架子」問題，凜然一副高高在上，神聖不可侵犯的姿態，勢必在自己與下屬之間劃出一條鴻溝，從而切斷領導與下屬進行感情交流和溝通的紐帶，拉遠了上下級之間的距離，更不可能引起下屬的心靈共鳴。當權者放下身架，製造祥和，才是建立功績的前提。

　　作為索尼的締造者和最高首腦，盛田昭夫具有非凡的親和力，他喜歡和員工接觸，經常到各個下屬單位瞭解具體情況，爭取和較多的員工直接溝通。稍有閒暇，他就到下屬工廠或分店轉一轉，找機會多接觸一些員工。他希望所有的經理都能抽出一定的時間離開辦公室，到員工中間去，認識、瞭解每一位員工，傾聽他們的意見，調整部門的工作，使員工生活在一個輕鬆、透明的工作環境中。

　　有一次，盛田昭夫在東京辦事，看時間有餘，就來到一家掛著「索尼旅行服務社」招牌的小店，對員工自我介紹說：「我來這裡打個招呼，相信你們在電視或報紙上見過我，今天讓你們看一看我的廬山真面目。」一句話逗得大家哈哈大笑。氣氛一下由緊張變得輕鬆，盛田昭夫趁機四處看一看，並和員工隨意攀談家常，有說有笑，既融洽又溫馨，盛田昭夫和員工一樣，沉浸在一片歡樂之中，並為自己是索尼

公司的一員而倍感自豪。

　　還有一次，盛田昭夫在美國加州的帕洛奧圖市看望索尼公司的一家下屬研究機構，負責經理是一位美國人，他提出想和盛田昭夫合幾張影，不知行不行。盛田昭夫欣然應許，並說想合影的都可以過來，結果短短一個小時，盛田昭夫和三四十位員工全部合了影，大家心滿意足，喜氣洋洋。末了，盛田昭夫還對這位美籍經理說：「你這樣做很對，你真正瞭解索尼公司，索尼公司本來就是一個大家庭嘛。」

　　再有一次，盛田昭夫和太太良子到美國索尼分公司，參加成立 25 周年的慶祝活動，夫婦特意和全體員工一起用餐。然後，又到紐約，和當地的索尼員工歡快野餐。最後，又馬不停蹄地趕到阿拉巴馬州的杜森錄音帶廠，以及加州的聖地牙哥廠，和員工們一起進餐、跳舞，狂歡了半天。盛田昭夫感到很開心，很盡興，員工們也為能和總裁夫婦共度慶祝日感到榮幸和自豪。

　　盛田昭夫說，他喜歡這些員工，就像喜歡自己家人一樣。

　　依靠索尼高層管理者的這種親和力，使公司裡凝聚成一股強大的合作力量，並借著這麼一支同心協力的隊伍——他們潛心鑽研、固守崗位、自覺負責、維護生產、不為金錢追求事業，勇於開拓他鄉異國銷售事業，先鋒霸主索尼公司才能屢戰屢勝，一步一個腳印，在高科技優新產品開發上，把對手一次又一次地甩在後面。

　　從這個故事中，我們看到了一個領導者平易近人的個人魅力，以及這種魅力給企業帶來的凝聚力，和為企業發展帶來的巨大的推動作用。對於經理人來講，平易近人實在是一種不可或缺的品格，它對於提升個人魅力和凝聚團隊，具有非常關鍵的影響。

　　平易近人，通俗地講，就是沒有架子，具有親和力。作為一個經理人，不要經常板著一副威嚴的面孔，不要總是擺出一副領導的派頭，

拒絕白目溝通
簡單複製成功

這樣只會讓下屬對你望而卻步，產生隔閡，你就很難從下屬那裡聽到真實和有價值的意見和建議。

平易近人，就應該跟下屬和員工打成一片。這就要求經理人經常走出辦公室，到基層去，到員工中去，噓寒問暖，瞭解情況，而不是整天坐在辦公室老闆桌的後面，衝著下屬指手畫腳。

沃爾瑪公司的總裁薩姆‧沃爾頓也經常視察和參觀一些公司的商店，詢問一下基層的員工「你在想些什麼」或「你最關心什麼」等問題，通過與員工們聊天瞭解他們的困難和需要。沃爾瑪公司的一位職員回憶說：「我們盼望董事長來商店參觀時的感覺，就像等待一位偉大的運動員、電影明星或政府首腦一樣。但他一走進商店，我們原先那種敬畏的心情立即就被一種親密感取代。他以自己的平易近人把籠罩在他身上的那種傳奇和神祕色彩一掃而光。參觀結束後，商店的每一個人都清楚，他對我們所做的貢獻有感激之情，不管它多麼微不足道。每個員工都似乎感到了自身的重要性。這幾乎就像老朋友來看你一樣。」

所以，經理人們，請放下架子，收起你威嚴的面孔，走到員工中間去吧。平易近人地跟下屬和員工相處，他們才會跟你心貼心，心連心，公司的凝聚力和戰鬥力也會隨之大大增強。

領導的魅力來源於自身，征服他人不需要擺架子，只要有一顆願意溝通的心，便可以讓他人信服，贏得尊重。

4 把握分寸，說話恰到好處

說話比做文章讀文章難。做文章，可以細細推敲，再三修正；讀文章，可以細細體味，詳加研究。說話則不然，一言既出，駟馬難追，所以你與人對話，應該特別留神。

世界上沒有十全十美的人，隨隨便便說別人的短處，輕輕鬆鬆揭別人的隱私，不僅有礙別人的聲望，且足以表示你為人的卑鄙。當你聽到流言蜚語時，唯一的辦法是聽了就算，不做傳聲筒，不記掛於心，不向外傳播。首先你要明白，你所知道關於別人的事情不見得可靠，也許另外還有許多苦衷並非是你所能明白的。你若貿然把你所聽到的片面之言宣揚出去，不免顛倒是非，混淆黑白。事後當你完全明白真相時，你還能更正嗎？

會說話，就是在恰當的時間、恰當的地點說了恰當的話，也就是把話說對時間、說對地點、說到點子上又能把直話說圓；說得頭頭是道，妙語連珠，使人人愛聽，個個喜歡。

而在我們的職場裡，有些人喜歡公開發表意見，口無遮攔。

一次，主管召集質檢部全體人員開會，分析頭一天客戶退貨的原因。那批貨出廠前是李浩檢驗的，這相當於是開李浩的「批鬥會」。

主管說：「這次事故的責任人已經查清了。生產人員看錯了圖紙，我們部的李浩最後把關不嚴，才造成了這次事故。」他接著讓大家就這次事故發表意見：原因出在哪裡，該怎樣彌補。

主管話音剛落，大大咧咧的陳剛第一個站起來，不假思索地說：「我認為，如果李浩嚴格把關，就不會出現這樣的事情。這事李浩應負一定的責任。作為質檢人員，他缺乏高度的責任心……」他甚至還

拒絕白目溝通
簡單複製成功

把李浩以前的一些錯誤一起夾帶進來進行了一番批評。

本來就很懊惱的李浩此時聽陳剛這麼一通狂批，更加不自在。李浩充滿敵意地瞪了陳剛一眼，似乎嫌陳剛的話太多了。

就連同事們都覺得陳剛的話過多，既不分場合，也不顧別人心裡是否好受。再說李浩也不是有意的，難道還用得著你在這裡大講而特講？

接下來的討論，大家都是針對工作上的問題，把陳剛的話題岔開了。

在後來的工作中，李浩經常對陳剛的工作吹毛求疵，抓住一點問題就不放過，跟同事宣揚一番再告到主管那裡，搞得陳剛很被動。有時李浩甚至還直接告到老闆那裡，久而久之，老闆對陳剛的工作能力產生了懷疑。

李浩總是與陳剛過不去，陳剛感到在公司待不下去，只好傷心地離開了。

在公司裡，公開對某人發表意見向來是個雷區，一不小心就會觸雷。如果自己沒有一個更好的建議或解決方法，切勿胡亂指責別人，否則，不單會樹敵，還會令老闆對你的印象變差。身在職場，適時的沉默是必須的。保持適度的沉默是遠離是非的最佳方式。而且能給人留下個穩重、非同凡俗的印象。當然，這並不是讓你總是不開口，像啞巴一樣。爭取在不得不說的情況下，盡量少說，不誇誇其談，不亂講濫說，不信口雌黃，不妄發議論，這也是確保安全的一種方法。言多必失，多言多失，少言少失，不言不失。所以，在不得不說，非說不可的時候，還是要保持「少說為佳」的態度。

某公司準備提拔一名年輕人做辦公室主任，圓圓和另一位同事都是候選人。他們倆實力不相上下，而且兩人私交也很好。

有一天，經理把圓圓叫進辦公室，告訴她公司初步決定由她來接任辦公室主任。圓圓很開心，前一陣為升職一事焦慮萬分，現在壓在心裡的一塊石頭終於落下來了。

喜悅之情溢於言表，舌頭就特別靈活。那天的圓圓好像特別健談，從公司的近憂到公司的遠景，談得頭頭是道。經理聽得連連點頭。

不知不覺，最後圓圓竟然聊到了那位同事。圓圓說起一些那位同事鬧的笑話，以及一些對那位同事不利的事。

幾天之後，正式任命下來了。讓圓圓大跌眼鏡的是，主任並不是她，而是那位同事。經理語重心長地對他說了句：「年輕人，沉默是金啊。」後來，圓圓瞭解到，和她談過話後，經理又和那位同事談了話，委婉地提及圓圓可能出任主任，希望她能夠支持圓圓的工作。同事對圓圓的評價非常中肯，也正是這一點讓經理最後捨圓圓而取那位同事了。

適時的沉默體現著一個人的修養，顯示著一個人的容人之量。圓圓的多言讓經理看到了她的浮躁和輕狂，也讓經理覺得她的人品好像還差那麼一點點，因此在最後，經理改變了主意。

在當今社會中，人人都有發表意見的權利，遇到該提出自己的看法時卻不言語，只是默默放棄自己的權利，並非聰明之舉。慎言是幫助你能在說話時三思，但並非完全不說話，即使是想保護自己，發表意見時避免招致難堪，也該有一番說話智慧。該說的時候不說，不該說的時候又說了一大堆，都不是好的說話方法。所以，一句在適當時機、適當場合對適當對象所說的恰當話，都是靠日積月累的經驗。因此，只有不斷磨練，說話的智慧才會高人一等。

說話能把握分寸，說的恰到好處，是一種做人的手腕，既不能喋喋不休，口若懸河，又不能該說話時卻沉默寡言。可見，言談能反映

拒絕白目溝通
簡單複製成功

出一個人為人處世的涵養功夫，要把握好分寸和態勢，做到閉口藏舌。

5 讓距離來為婚姻保鮮

　　手上的沙子握得越緊，它流失得越快，夫妻之間也是一樣，要讓彼此有一個自由的空間，那會使你的婚姻生活更加的完美。

　　男女戀愛時，有人說好的跟一個人似的，一天幾十個電話不說，飯一塊吃，路一塊走，書一塊看，形影相隨癡男怨女，愛得死去活來**轟轟**烈烈，讓人感動至深。可是，結婚後，男人就像換了一個人似的，結婚前答應每週看一次電影，現在一個月看一次就不錯了；答應下班和自己一塊去逛商店的他，卻和朋友喝酒到深夜，不催根本就不想回家這檔事；您精心準備了一天的晚飯，他回家吃上幾口，心不在焉說幾句「這個鹹了，那個淡了，這個菜油少了，那個菜油太多了」，吃完飯把碗一扔就去抽煙看球了。您總想跟他聊聊，談談他的工作，您的衣服，還有週末陪您回娘家的事，您剛說上兩句他就直跟您嚷嚷。把自己搞得筋疲力盡，婚姻生活由濃濃的咖啡變成了毫無生氣的白開水，您心裡也在嘀咕：「他是否不再愛我了？他是否有別的女人了？」於是您盯得更緊了，噓寒問暖事事操心，不過他好像更反感了。難道真應了那句：婚姻是愛情的墳墓。

　　事實上，男人忙完一天工作，交際應酬迎來送去大多已經筋疲力盡了。回家好不容易想落個清靜，徹底放鬆一下。這時，如果你再黏住他，心情不好是想當然地了。同時，這愛情猶如橡皮筋，不能總是繃緊了不放鬆。愛情亦如人的大腦的神經系統，時間長了一定是要歇一歇的。年輕男人步入婚姻後，總想保持戀愛時的浪漫和甜蜜，又想衣食無憂無牽無掛。實不知柴米油鹽醬醋茶，樣樣要操心，而他操心完家裡的事情更要操心工作上的事。兩人都要很疲憊，這時如果您再

211

拒絕白目溝通
簡單複製成功

不分時機黏住他，後果可想而知了。況且，愛情不可能總是處於「巔峰」狀態，夫妻的愛情是一種平平淡淡的感情，但是，這種感情並不排斥高潮的出現。這時，女人最好能與男人保持一段距離，適當分別一陣子會更好。

一位女友，每隔一段時間總是找個藉口外出一次，人為地製造一個思念的意境。她認為，短暫的小別乃是促進家庭親密的最佳方式。畫家必須在孤獨時才能有所創作，小說家在孤獨時往往才有靈感，而夫妻在分離時更能體會到婚姻的可貴、家庭的溫暖以及自身的價值。剛與丈夫結婚那幾年，她也有大多數妻子的那種體驗，日子越過越心煩。丈夫身上那些以前被忽視的、不盡如人意的東西，越來越讓她難以忍受，而自己在丈夫的眼裡也變得越來越平淡無奇。雖然還像以前那樣做菜，丈夫卻非說不如以前可口；雖然還像以前那樣收拾房間，丈夫卻非說不如以前打掃得乾淨……

有一次，她因公外出一個月。最初幾天，她倒沒覺有什麼異常感覺，反而感到既清靜又輕鬆。可十天沒過，她開始思念起丈夫來，而且思念得越來越強烈。說起來也奇怪，以前對丈夫的種種抱怨此時也被思念沖刷得煙消雲散了。想起來的，都是丈夫那神奇的吸引力。她深深體會到了丈夫在自己生活中的價值和地位。

出差期滿，她迫不及待地趕回家。出乎意料的是，丈夫看到她，竟像戀愛時那樣，撲上來一把摟住她，熱烈擁抱親吻她。丈夫熱烈的吻，使她明顯地感到，丈夫對她的思念絕不亞於她對丈夫的思念。正應了那句老話：「小別勝新婚。」妻子與丈夫分別了一段時間，夫妻間就如磁石的磁性被加強了一樣，更有吸引力。在丈夫眼裡，妻子變得更加溫柔嫵媚，做的菜也仿佛更加可口，房間也收拾得仿佛更加漂亮明淨了。

這個故事告訴我們，與男人保持一段距離的好處在於：夫妻的短暫分離使愛情暫時處於一種相對平靜的環境中，如人疲憊後歇歇腳一樣，醒來了，精力更充沛。愛情打個盹兒後，在雙方各自的心中會形成對愛人的一股悠悠思念，好像男女回到了戀愛那時候。因而，愛情的形成亦需要更新，若總是如新婚前後那樣形影相隨，如膠似漆黏在一塊，早晚兩人就會產生倦怠心理的。讓愛情歇歇腳。儘管愛情是我們生活中的重要內容，但絕非唯一的內容。更多的時候，夫妻雙方還承擔更多的責任，要騰出精力來實施自己的義務。如照顧雙方家裡的二老，撫養後代都要有個計畫。同時，還要承擔對社會的一份責任，為社會做出自己應有的貢獻。因為，愛情是維繫於生活現實中的，解決了婚姻家庭中的許多實打實的生活問題，愛情才有所附著。總之，愛情是不能脫離生活的。

實際上，許多人都有過這樣共同的體驗——距離產生美。人若長期接觸同一事物、同一工作，就會產生疲勞感，即使是一首很美妙的音樂、一幅很美的圖畫，如果您每天聽、反覆看，原先的美感也會逐漸消失。同樣，如果婚姻生活每天重複著同樣毫無變化的日子，兩人天天黏在一塊，彼此就會產生厭倦。所以，不要時刻黏在一塊，適當地保持一段距離，在感性的愛情裡也不要忘記留存一點理性的生活空間，不要試圖去主宰什麼，因為這世上沒有任何一個人願意成為他人的傀儡。有一個小故事很好地說明了這個道理：

一個女孩問她的母親：「在婚姻裡，我應該怎樣把握愛情呢？」母親沒說什麼，只是找來一把沙，遞到女兒面前，女兒看見那捧沙在母親的手裡，沒有一點流失，接著母親開始用力將雙手握緊，沙子紛紛從她指縫間泄落，握得越緊，落得越多，待母親再把手張開，沙子已所剩無幾。女孩看到這裡，終於領悟地點點頭。

拒絕白目溝通
簡單複製成功

　　婚姻的道理與此相似，要想讓婚姻長久、美滿、幸福，那就不要每天「盯著」，「看著」，「防著」，「握著」，恰恰是別把婚姻「抓」得太緊！夫妻間有所保留，這不能視之為對愛情的不忠，這是一種夫妻相處的藝術。夫妻就像兩隻相互依靠彼此取暖的刺蝟，遠了，溫暖不到對方；近了，會被對方身上的刺紮到。一次次衝突之後，慢慢調整距離。

　　某一天的早晨，孟先生在臨出門之前，突然說，今天和朋友出遊。以往，去哪裡，孟太太不多過問，他也會隨口告訴她。可這一次，孟先生招呼不打一聲就宣佈出門。她有些生氣。出遊這件事，一定是事先約的，至少前一天就約好了，他為什麼不說一聲？他還有多少事瞞她？孟太太心裡不悅，攔著讓孟先生說清楚。孟先生心裡著急，嚷嚷了道：「我的吃喝拉撒睡，是不是都得給你彙報？」然後摔門而去。

　　孟太太開始賭氣，在接下來的好幾天裡，不管是晚回家、和朋友吃飯，還是去娘家，一概不告訴孟先生，也閉口不問他的一切事情。孟先生終於忍不住了，跟太太說：「我現在才知道，你絲毫不在意我，是嗎？」

　　「你不是說吃喝拉撒睡都不用向我彙報嗎？」孟太太狡猾一笑。孟先生一愣，也笑了起來。此後，孟先生有事外出都會先說一聲，讓孟太太放心。

　　我們和朋友一起吃飯，大家點菜總是以合適為原則，寧可少一點欠著一點，但是感覺舒服，胃有空間心靈才有空間。同樣，對待感情，夫妻之間的要求也是半飽為好，彼此都有空間才不會那樣局促無奈。不過，空間的距離很好測量，心理的距離卻難以把握。愛情的安全線，恰恰是看不見而又摸不著的心理距離。有些時候，真的就是這樣，夫妻雙方因為愛而彼此走近，近得恨不能不分你我。於是走進婚姻，長

相廝守。此後，彼此的距離慢慢地，在不知不覺中一點點拉開，親密有間。

給彼此一些空間，不要以為走進了婚姻就是走進了墳墓，夫妻雙方都有自己的生活圈子，自己的愛好，偶爾出去放放風也未嘗不可。這樣不至於兩個人天天拴在一起，熟悉得產生陌生感，無話可說。距離產生美，婚姻生活也需要距離來為它保鮮。

婚姻中的男女，應該是獨立的個體，擁有自由的私人空間、擁有自己的朋友、自己的愛好、自己的事業。不要因過分依附於對方，而失去自我。

6 把握距離，讓異性友誼更美

只交同性朋友而不交異性朋友是很多人的通病。事實上，只交同性朋友，可以說只打開了交際的半邊大門；要想讓自己的社交、事業有所成就，最好是把大門全打開，既交同性朋友，也交異性朋友。

結交異性朋友是當今社會開放的一種新型的社交現象。過去那種男女授受不親的時代已經過去了，我們現在經常看到社交場合中男女握手為友，彼此平等交往，共謀大業，展現了開放時代的開放精神。不過，凡事過猶不及！異性之間交往要適度，不要交往過密。俗話說的好，距離產生美。尤其是與異性之間，一定要保持適當的距離，這樣你就會避免很多不必要的麻煩，你的生活也將會是寧靜和諧的。

通常情況下，絕大多數人都希望能與人友好、愉快地相處，但是由於種種原因，往往事與願違，難以友好、愉快地相處，其中最常見原因之一，就是由於彼此的距離不適當，要麼太近，要麼太遠。距離太近或太遠會導致怎樣的難以相處呢？對此，孔子在《論語》中有相關的論述，子曰：「唯女子與小人難養也，近之則不孫，遠之則怨。」意思是說：「只有女子和小人是難以共處的，親近他們，他們就會無禮，疏遠他們，他們就會報怨。」對於這句話，歷來爭論不少，其實，不管兩千多年前的孔子說這話究竟是針對什麼而言，都已經不重要了，重要的是，在今天我們的現實生活中、在我們自己身上、在我們所交往的人當中，怎樣保持與異性之間的距離呢？

（1）解決觀念問題

現在已經是 21 世紀了，要建立健康的兩性相處心態。實在不能再用男女授受不親的老觀念來衡量了。即使是已婚，也並不代表要和異

性保持距離，以免犯忌。過分拒絕和異性相處，可能妨礙職場角色的扮演，也更加不像個現代人了。

我們也不得不承認，通常情況下，兩性都有的工作空間要比單一性別的環境愉快和諧。如果想重新隔離兩性，不僅不可能，也不合理。刻意疏遠，更非上策。兩性總是要交流的。而且兩性共事應該有助於工作效率的提高，兩性間絕不能再採取隔離政策。

（2）態度要虛心

因為是異性的關係，就難免對事物的看法存在分歧。如果你是在異性面前很虛心的人，你會發現你在異性中備受寵愛。因為多數人對異性沒有排斥感，正所謂是「同性排斥，異性相吸」。而且喜歡幫助異性工作的人，他們把這個看作是同事中成就感的一種象徵、一個標誌。人人都希望被異性重視和仰慕，一個人如果注意吸取他人的長處，他可以從每個工作夥伴身上學到不同的有助於自己發展的長處。

（3）不宜物以類聚，人以群分

既然是同事、朋友，就應有共同語言，如果你沒有意思將這種關係發展為戀情，就應當將感情投入僅僅限制在友誼的範圍內，即使是很有好感，也不應該表露出來，要隱藏好。如果對方射來丘比特之箭，也應明智地將其化解。千萬不要給對方以默許，甚至是鼓勵。

（4）不對異性採取輕浮的態度

這方面包括行為和言語兩個方面。以尊重對方是異性工作夥伴的關係來處理工作中的一些事務，將會使某些複雜的事情變得簡單一些。千萬不要將工作中的異性關係處理成類似「戀愛關係」所期望的那種結果，也不要與某個異性發展成比之其他異性更為親密的關係。也就是說，在工作中，異性之間只有工作關係。下班以後做朋友是另外一回事，但在工作內千萬要區分「輕重緩急」的關係。

拒絕白目溝通
簡單複製成功

　　距離，是一種物理現象，更是一種人際學問，是世間男女無論在工作中還是生活中都可能碰上的問題。因此，距離已不只是物理問題，更是心理的、社會的、影響人與人之間互動的非常深遠的問題。距離這種微妙的關係，值得我們去細心經營和打理，措施得當就使雙方的社交圈進一步擴大，學到更多的東西，且能發揮優勢互補的作用，進而能夠促進工作更上一層樓。反之處理不好，形成心頭疙瘩、人際障礙，對組織運作也會產生不利影響。

　　與異性交往，一個很重要的原則是，對異性採取大方、不輕浮的態度，並保持恰當的距離，這樣才能共同營造出和諧融洽的氛圍。

7 有一種距離叫隱私

尊重他人隱私，是尊重他人的表現。羅曼 · 羅蘭說：「每個人的心底，都有一座埋葬記憶的小島，永不向人打開。」馬克 · 吐溫也說過：「每個人像一輪明月，他呈現光明的一面，但另有黑暗的一面從來不給別人看到。」這座埋葬記憶的小島和月亮上黑暗的一面就是「隱私」世界。有的人在交朋友時，隨便侵入朋友的隱私地帶。他們認為，朋友之間，應該推心置腹，坦誠相見，所以就不存在什麼隱私。抱有這種觀點並侵入朋友隱私世界的人，是不可能交到朋友的，而且還會傷害到別人。不錯，朋友之間是應該坦城相見，推心置腹，但在隱私問題上，這一道理是行不通的。如果要交朋友，就不要侵入朋友的隱私世界。

事實上，對隱私權的保護，早已有之，古代聖賢大儒均視其為人性的基本部分，對其極為尊重。從建築風格來看，無論王侯豪宅，還是百姓草堂，外皆有高牆圍護，內設院落分隔，既有曲徑相通，又有門窗相隔，無非是給自己一個相對幽靜、自由的空間，免受煩擾，放鬆身心，這不就是在保護隱私嗎？

漢朝的張敞是一個高官，更是一個情種。他與妻子非常恩愛，還常常為妻子畫眉，一時，在京師長安傳為佳話。但偽道學先生以此為「有傷風化」，竟向皇上告了御狀，想讓皇帝摘下「道德敗壞」的張敞的烏紗帽，以「匡正世風」。但皇帝並不聽偽道學先生的使喚，他不僅未責怪張敞，反而當著文武百官的面說：「畫眉是夫妻間的事，我管不著。夫妻間還有比畫眉更親密的事兒，我也去管嗎？」顯然，這是在保護張敞的隱私。

拒絕白目溝通
簡單複製成功

　　朋友滿腔憂愁時，找你傾訴和宣洩一番，這是他對你的充分信任。在這種情形之下，你最好耐心聆聽，並冷靜地為他分析，幫他調整情緒，平緩一時的衝動。但是，最為關鍵的一點是，在聆聽之後，要尊重朋友，切不可洩露了隱私。

　　同樣，當你碰巧獲知了朋友的隱私後，切莫將它作談資，廣泛散佈。畢竟，每個人都有自尊，一旦這層保護膜被你捅破之後，你將落個「小人」之名。所以，這時宜採取的最好辦法就是裝糊塗。

　　北宋時期，司馬光在當朝時受人擁戴，很重要一點就在於他誠信待人，別人有困難找他幫忙或傾訴時，他能為人保守祕密。當時，朝中有位大臣叫韓克，與司馬光是好友。有一次，韓克的兒子偷了家裡的銀子去賭博，被發現後，韓克又是打又是罵，卻起不了什麼作用。在苦惱之餘，他去找司馬光，希望司馬光能為他想想辦法。

　　司馬光誠懇地聆聽了韓克的傾訴之後，教了他一個辦法。韓克聽了很高興，可是轉念一想，家醜已被外人所知，心中頓有憂慮之念。

　　然而過了好久，韓克都沒有聽到朝中大臣的議論及有關此事的影射之言，才知道原來自己的想法是多麼的荒謬，在後悔慚愧之餘，韓克更加信服了司馬光，成為朝中司馬集團的重要人物。

　　司馬光在處理朋友關係時，不但能幫朋友的忙，還為朋友保守祕密，最後和朋友的關係由此又前進了一步。

　　朋友之間，關係即使再親密，也都會有一些不願讓對方知道的東西，即所謂的隱私。與朋友相處時，對他的隱私我們要給予絕對的尊重，不能認為這是朋友對你的隱瞞而千方百計地探問，否則，很可能與朋友產生間隙，甚至導致關係破裂。

　　因此，真正聰明的人，是懂得不要對別人的隱私報有好奇心的，要知道有些事只能點到為止，才能給自己也給他人留下一片自由呼吸

的空間。

所以，在與人交往中，一般應該做到「五不問」。

（1）不問年齡

現代女性年齡是保密的，她們希望自己永遠年輕，特別是外國女性，24 歲以後就不願再如實告訴別人自己的年齡了。

（2）不問婚否

中國人愛談論彼此的婚姻狀況，在我們的周圍總有一些人對別人的私生活特感興趣，甚至「關心」到了無微不至的地步，總是盯著別人的一舉一動，評頭論足，張家長李家短地說個不停。譬如：老大不小的姑娘怎麼沒對象呢？有了物件怎麼不結婚呢？結婚了怎麼不要小孩了？……

（3）不問經歷

中國人之間一般以詢問經歷來尋找共同的話題。對外國人卻不能如此，因為「經歷」問題既是對方的「老底」，也聚集著許多悲歡離合，一般應避開此話題。

（4）不問收入

收入的問題是一個極為敏感的話題，因為每個人的收入都同他的地位和能力有關，被很多人視為自己的臉面，所以是免談的。不要為了消除經濟收入的不平等所造成的心理不平衡，試圖創造一個良好輕鬆的語言環境，人們也不願意談這個問題。對那些能夠反映出個人收入狀況的化妝品和服飾的價格、汽車的型號、住宅的大小等問題，也不宜觸及。

（5）不問健康

很多人認為個人的健康狀況，也屬於隱私範圍。因此在與外國人特別是西方人的交往中，最好別打聽對方的健康狀況。更不要因見對

方臉色不好而驚訝地說：「你是不是得了什麼病？」

對於「隱私」的劃分，西方人同中國人有著不同的標準。與西方人相比，華人情味濃。例如，詢問年齡、經歷，在大多數中國人眼裡不算干涉隱私。又如，熟人問你這身西裝的價錢，他絕對沒有窺探你經濟收入的嫌疑。相反，在同中國人的交往中，恰當地問某些所謂的「隱私」，聊聊家常，有時間可以達到縮小彼此距離和出其不意的效果。

傳播他人的流言蜚語，有時是出於嫉妒、惡意，有時是為了揭示別人不知道的祕密，以此來抬高自己的身價，這些都是令人不能容忍的事情。

8 交往中需知進退

寒冷的冬天，一群豪豬擠到一起取暖，但各自身上的刺使它們不得不馬上分開。禦寒的本能迫使它們又聚到一起，然而疼痛使它們再次分開。這樣經過幾次反覆，它們終於找到了相隔的最佳距離——在最輕的情況下得到最大的溫暖。

之所以強調距離，就是人與人之間交往總要有個「度」，過之則煩惱，少之則陌生，男和女不一定有多好看，也並不一定有多少金錢才會在一起，只要有「度」就會在一起，這其實才是男女之間互相吸引的魅力。如果說這種距離遭到破壞，人也必然會受到傷害。

大學剛剛畢業，小兵就進了一家多媒體公司做廣告設計，由於自己剛到公司上班，所以對誰都百般的熱心，好事幾乎都做盡了。誰知，到了後來卻給他帶來意想不到的結果。大家都開始疏遠他，不再理他了。似乎每次他都要熱心地幫助人家，大家好像還都不很樂意，於是小兵困惑了。

其實，小兵就犯了人際交往的大忌：保持距離。這可以以一則寓言故事加以說明。

有一個銅壺在水面上漂流著，它覺得很孤單，想找一個同伴做自己的朋友，這樣在漂流的時候就可以聊天了，日子就會過得很愜意。一天，銅壺終於在水面上發現了一個陶壺，它興奮地遊了過去：「喂，夥計，我是銅壺，我想和你交個朋友。」說完，銅壺就要去擁抱陶壺。「我很樂意和你做朋友，但請你離我遠一點兒，不要太靠近我，因為我是陶制的，只要你輕輕地碰我一下，我就會成為碎片。」陶壺說完，便獨自遊走了。

拒絕白目溝通
簡單複製成功

　　寓言中的銅壺與陶壺要保持距離，才能避免發生傷害，現實生活中的朋友之間，也需要保持一定距離，才能保證長遠友誼。

　　距離是人際關係的自然屬性。有著親密關係的兩個朋友也毫無例外，成為好朋友，只說明你們在某些方面具有共同的目標、愛好或見解，但並不能說明你們之間是毫無間隙，可以融為一體的。任何事物都存在著其獨自的個性，而事物的共性也存在於個性中。共性，是友誼，是連接兩者的紐帶和潤滑劑，而個性和距離則是友誼相吸引並永久保持其生命力的「減振彈簧」。

　　我們可能做過這樣的試驗：

　　彈簧兩端連著物體。當你輕輕地拉伸和壓縮彈簧時，彈簧柔順地遵從你的意願。去掉你的溫柔的撫弄，彈簧會給你一個顫動的美麗。兩端的物體依然保持著那份純真與自然。

　　當你過度拉伸和壓縮彈簧時，彈簧於是不耐其力，變形了，曲線美破壞了，倔強的彈簧扯離了兩物，或將他們彈得遠遠的。一切成為悲哀的幻覺。

　　所以，「保持距離」就是不要過於親密。也可以說，心靈是貼近的，但肉體是保持距離的。能「保持距離」就會產生「禮」，這禮便是防止對方碰撞而產生傷害的「彈簧。」

　　下面教你兩招保持友誼的竅門：

（1）為朋友絕對保密

　　當朋友把隱私告訴了你，即使沒有讓你保密，也表明了他對你的極度信任。對此你應有為他分憂解愁的義務，而沒有把這種隱私張揚出去的權利。如果張揚出去，勢必會失去朋友的信任，甚至等於置朋友死地，以後人家就再也不會把自己的「隱私」告訴你了。反之，你就會贏得真誠的友誼。

（2）交友要寬以待人

寬以待人就是要寬厚容讓、和氣大度。有句話說：「對任何人不懷惡意；對一切人寬大仁愛；堅持正義，因為上帝使我們懂得正義；讓我們繼續努力去完成我們正在從事的事業；包紮我們國家的傷口。」這是林肯說過的話，他兩度被選為美國總統，其中他的寬容對此起著很大的作用。

林肯在競選總統前夕，他在參議院演說時，遭到一個參議員的羞辱，那參議員說：「林肯先生，在你開始演講之前，我希望你記住自己是個鞋匠的兒子。」

「我非常感謝你使我記起了我的父親，他已經過世了，我一定記住你的忠告，我知道我做總統無法像我父親做鞋匠那樣做得好。」

參議院陷入了一片沉默。

他轉過頭來對那個傲慢的議員說：「據我所知，我的父親以前也為你的家人做過鞋子，如果你的鞋子不合腳，我可以幫你改正它。雖然我不是偉大的鞋匠，但我從小就跟我的父親學會了做鞋子的技術。」然後，他又對所有的參議員說：「對參議院的任何人都一樣，如果你們穿的那雙鞋是我父親做的，而他們需要修理或改善，我一定盡可能的幫忙。但有一點可以肯定，他的手藝是無人能比的。」

說到這裡，所有的嘲笑都化作了真誠的掌聲。

在這個過於擁擠的地球上，在情感的潤滑劑日見減少的今天，求同存異，是不變的生存法則，懂得寬容他人，其實就是善待自己。胸懷寬廣，是一個人心態、處世風格的整體反映，沒有人不喜歡與這樣的人打交道，而他周圍總是充滿人氣。

任何事物都存在著其獨自的個性，而事物的共性也存在於個性中。共性，是友誼，是連接兩者的紐帶和潤滑劑，而個性和距離則是友誼

拒絕白目溝通
簡單複製成功

相吸引並永久保持其生命力的「減振彈簧」。

9 跟上司說話要把握分寸

　　一般同事之間的相處都應注意分寸，不能無所顧忌，更何況是和領導相處，更應小心萬分。所以，平時和領導說話交談、彙報情況的時候，都要多加小心。

　　戰國時期，趙太后剛剛執政，秦國猛烈進攻趙國。趙國向齊國求救。齊國說：「必須用長安君作為人質，才出兵。」趙太后非常疼愛這個小兒子，因此，堅決不同意。情況岌岌可危，大臣極力勸諫。可依然一點用處也沒有，並且太后還明確告訴左右：「有再說讓長安君做人質的，我老婆子一定朝他的臉吐唾沫。」

　　左師觸龍說希望謁見太后。太后知道他也是來勸說自己的，故此怒容滿面地等待他。觸龍進來後慢步走向太后，到了跟前請罪說：「老臣腳有病，已經喪失了快跑的能力，好久沒能來謁見了，私下裡原諒自己，可是怕太后玉體偶有欠安，所以很想來看看太后。」

　　太后說：「我老婆子行動也是全靠車。」

　　觸龍說：「每天的飲食怎麼樣？」

　　太后說：「喝點粥罷了。」

　　觸龍說：「老臣現在胃口很不好，就自己堅持著步行，每天走三四裡，稍為增進一點食欲，對身體也能有所調劑。」

　　太后說：「我老婆子可做不到。」

　　這一番家常話之後，太后見觸龍並未提及讓長安君做人質的事，臉色和緩了許多。

　　觸龍見狀，趁機進言說：「老臣有一個兒子舒祺，年紀最小，不成才。可老臣卻十分喜歡他，現在臣老了，希望能讓他到侍衛隊裡來

保衛王宮，為國家盡一份力。所以冒著死罪來稟告您。」

太后聽後，問道：「今年多大了？」

觸龍說：「十五歲了。雖然還小，希望在老臣沒死的時候先拜託給太后，這樣臣也就放心了。」

太后見此，說：「做父親的也愛憐他的小兒子嗎？」

觸龍說：「比做母親的更愛。」

太后聽觸龍如此說，心裡更是喜歡。說道：「我也特別喜愛小兒子。」

聞聽此言，觸龍見時機成熟，就說道：「依老臣個人的看法，太后您愛您的女兒燕后，要勝過長安君。」

太后說：「你錯了，比不上對長安君愛得深。」

觸龍說：「父母愛子女，就要為他們考慮得深遠一點。太后送燕后出嫁的時候，抱著她的腳為她哭泣，是想到可憐她要遠去，也是夠傷心的了。送走以後，並不是不想念她，每逢祭祀一定為她祈禱，祈禱說：『一定別讓她回來啊！』難道不是從長遠考慮，希望她有了子孫可以代代相繼在燕國為王嗎？」

太后說：「是這樣。」

觸龍說：「從現在往上數三世，到趙氏建立趙國的時候，趙國君主的子孫凡被封侯的，他們的後代還有能繼承爵位的嗎？」

太后說：「沒有。」

觸龍說：「不只是趙國，其他諸侯國的子孫有嗎？」

太后說：「我老婆子沒聽說過。」

觸龍說：「這是因為他們不好嗎，不優秀嗎？不是。而是因為地位高人一等卻沒什麼功績，俸祿特別優厚卻未嘗有所操勞，而金玉珠寶卻擁有很多。現在太后給長安君以高位，把富裕肥沃的地方封給他，

又賜予他大量珍寶，卻不曾想到目前使他對國家做出功績。有朝一日太后百年了，長安君在趙國憑什麼使自己安身立足呢？所以老臣認為太后愛長安君不如愛燕后。」

這一番入情入理的分析，徹底打動了趙太后，說：「任憑你派遣他到什麼地方去。」

於是為長安君準備車馬一百乘，到齊國去作人質，齊國就出兵了，不久就解除了趙國的危難。

說話，要懂得什麼時候說什麼話。說了，還要為自己說過的話負責。有一些話說出來會令領導不快，所以，平時和領導相處，一定要注意自己的言行，怎樣說話、哪些該說哪些不該說一定要分清。

以下幾點禁忌在同領導談話時一定要注意：

（1）忌說：「你辛苦了！」

「你辛苦了」這句話，本來應該是領導對於下屬表示慰問和犒勞時說的。如今反過來由下級對上級說，這樣的話語可能產生負面的效應。

（2）忌說：「您的做法真讓我感動！」

事實上，「感動」一詞是領導對下屬的用法，例如說：「你工作認真負責，不怕耽誤自己的事，我很感動！」

這樣用語是不恰當的，尊重領導，應該說「佩服」。例如說：「經理，我們都很佩服您的果斷！」這樣還比較恰當。

（3）忌說：「隨便，都可以！」

領導會認為這個年輕人冷漠，不懂禮節。對說這句話的人，自然就看低了。

（4）忌說：「這事你不知道」或「那事我知道」

「這件事你不知道！」、「這事你不懂！」這樣的話會傷害領導

的感情，是對領導的不敬。

（5）忌說：「太晚了！」

這句話的意思是嫌棄領導的動作太慢，以致要誤事了。在領導聽來，肯定有「幹嘛不早點」的責備意味，想必不可能高高興興地接受。

（6）忌說：「我想這事很難辦！」

領導分配工作任務下來，而下級卻說：「不好辦」、「很困難」，這樣直接地讓領導下不了台。一方面顯示自己在推卸責任，另一方面也顯得領導沒遠見，讓領導臉面上過不去。

（7）忌過度客氣

和領導說話應該小心謹慎，顧全大局。但顧慮過多則反不足取，容易遭人誤解。

在工作場合中如果過於客氣，顧慮太多，反而會誤事，招致誤解。因此，應該善於察顏觀色，以落落大方的態度去應付。要克服膽小怕事的心態，越是謹慎小心，反而越容易出錯，更容易被上司誤認為你沒有魄力，謹小慎微，不值得重用。

（8）如何補救不小心說錯的話

在領導面前說錯了話，一旦覺察到了，應該馬上打住，緊接著向領導表示道歉。不要因害怕而回避，應面對事實，盡量避免傷害對方的人格和面子，必要時可以再說明，而不必要的辯解只會越辯越糟，要注意措辭是否恰當。

由於下屬和領導再怎麼說也是處在兩個不同的位置，可以說是兩個不同的世界。領導的世界有領導的規則，你作為下屬，說話時千萬不要觸犯這些規則。

第八章

建路搭橋，尋找過渡的「第三者」

　　當今社會正處於轉型期，人人自危，人人都有不同程度的壓力感。這就需要在處事的時候以價值為取向，看到各種關係的重要性。也就是說，無論做什麼事都不要單槍匹馬，要充分利用一切人脈資源──親戚、朋友、同鄉還是其他關係，只要能用得上，就不能放棄，這樣說話、辦事才會少些坎坷，多些順暢。

1 找對靠山，跟對人

在追求人生成功的道路上，我們與其打著燈籠在黑夜裡苦苦尋求，倒不如踩著成功者的足跡往前走。那些開路的先驅，那些能夠提攜、幫助我們辦成人生大事的人就是我們的貴人。

在攀向事業高峰的過程中，尋找貴人相助往往是不可缺少的「手腕」。貴人所給予我們的一次扶助、一次機會、一句話甚至一個眼神，通常都不是我們用聰明、努力或者金錢可以替代的。沒有貴人的幫助，我們將難有作為。找對靠山，跟對人，才能離成功更進一步。

小瀋陽火了！憑藉在 2009 年小品《不差錢》中詼諧幽默的表演，一舉成為一顆亮麗的新星，征服了全國的觀眾，一時之間，小瀋陽家喻戶曉，紅遍大江南北。

小瀋陽出生於一個貧苦的農夫家庭，自小就表現出超人的藝術天分。後來，進入藝術團學習二人轉表演，2006 年正式成為趙本山的弟子，開始更有系統的學習二人轉。通過老師的悉心指導和自身的刻苦努力，小瀋陽在藝術的道路上有了質的飛躍，並開始在電視劇中嶄露頭角。

他不僅二人轉演得好，歌唱得也棒，模仿能力更是驚人，刀郎，劉德華、張雨生、阿杜、阿寶等歌星的聲音，他都能模仿得唯妙唯肖，令人歎為觀止。

作為一名藝人，上新年節目是他最大的心願，雖然沒有多少報酬，但龐大的觀眾群體對於提升一個演員的知名度來講是無與倫比的。從這個意義上來講，新年特別節目簡直就是一個效率極高的「造星機器」。正因如此，對於一名普通的演員來講，簡直比登天還難。小瀋

陽又是憑什麼能一炮走紅呢？這是因為他找到了趙本山這座最大的「靠山」，找到了「貴人」。

作為趙本山在 2006 年收的徒弟，小瀋陽正是憑藉老師趙本山的提攜才得以走上新年節目舞台的，可以說，正是依託趙本山這個「靠山」，小瀋陽才得以成功。

現在看來，小瀋陽的成功有偶然也有必然。偶然是遇到了「靠山」趙本山，必然是小瀋陽本來就有特殊的才藝，比如，他可以學很多明星的演唱，甚至可以比原唱聲音更高。當然，歸根結底還是必然在起作用，如果沒有這一身才藝，遇到一百個趙本山，小瀋陽也火不了！可是如果沒有「貴人」，小瀋陽就很有可能還在幕後。

從這件事中我們得到什麼啟示？一個人要謀取成功，就要講求策略走捷徑。依附於人要找對靠山，要選擇有發展前途並能使自己得到提拔和重用的品行端正的人，一旦遇到，就要把握機會，為自己的成功留一道護身符。

被譽為中國歷史上三大謀臣之一的劉基，字伯溫，便是這樣一位「喜新厭舊」之人，他在元末明初的政治舞台上左右逢源，最終為大明王朝的建立起到了至關重要的作用。

劉基少有大志，十四歲的時候便滿腹詩書、才華橫溢了。

少年得志的劉基，很想做一番轟轟烈烈、驚天動地的事業。時值元朝末期，官場腐敗，貪官橫行，整個社會統治已是大廈將傾。但劉基並沒有感到獨木難支。他一方面清廉為官，一方面與貪官污吏做鬥爭。可是不久，劉基的行為便讓他碰了一鼻子灰，之後又因上文彈劾監察御史失職而得罪上司，因此被排擠回家。

但這兒並沒有使年輕的劉基灰心喪氣、喪失鬥志。在回鄉隱居的日子裡，他仍刻苦鑽研易經八卦，兵書戰策，並廣交賓朋，擴大自己

的社會影響力，隨時準備東山再起。他深信，有了梧桐樹，不愁沒鳳凰。果然，劉基的名聲越來越大，登門求教的人紛紛而來。劉基很是高興，覺得出頭的日子已經不遠了。

適值元末，各地農民起義此起彼伏。黃岩人方國珍因被誣告通寇，殺仇家，率兄弟三人聚集海寇數千騷擾江浙，朝廷幾次派兵都沒剿滅，連江浙行省左丞孛帖木兒都被其活捉，於是朝廷決定許以高官厚祿招降方國珍。但方國珍幾降幾叛，弄得人心惶惶。江浙行省終於想到了劉基，舉薦他為元帥府都事。

深居簡出十幾年的劉基再一次感到眼前出現了光明。他一到任就力主用武力嚴剿方國珍，劉基做夢也沒想到，正佈置出兵呢，朝廷令下，說他擅作威福，奪去兵權不算，還把他羈管在紹興。劉基一氣之下，頭髮都白了一半，棄官回青田老家，再度隱居。

這次官場失意對劉基的打擊是十分沉重的。

此時的劉基已年近五十，他以為此生將不再有什麼機會了，一身的才華抱負也就要付之東流。誰知道此時農夫領袖之一的朱元璋再度請劉基出山，劉基對朱元璋半信半疑，很不願意出山，經朋友再三勸告，劉基到了朱元璋駐紮的應天。

到了應天之後的劉基，心情仍然很抑鬱。朱元璋召見他那天，他懶懶散散地來到朱元璋的帥府，見朱元璋時只略略一拜。當朱元璋問到關於如何建立功業時，劉基隨機想出了治國十八策，說得朱元璋點頭稱是，親自為劉基斟茶，繼續向他徵求有關軍事作戰等各方面的意見。

朱元璋為了籠絡像劉基這樣的文人，專門修了一所禮賢館，對文人們給予很高的待遇，而且一旦聽到他們有什麼高明的見解，立刻予以採納。劉基感到終於遇到了明主，決心利用自己的軍事才能，死心

塌地地追隨朱元璋，為其出謀劃策。

從此，朱元璋把劉基當成心腹謀士，事無大小，都要同劉基商量。朱元璋稱呼劉基時只用先生而不呼其名，藉以表示尊重。這就更加增強了劉基報答知遇之恩的願望。

最後在徐達、常遇春、李善長等眾多武將文臣的輔佐之下，朱元璋終於一統江山，開創了大明王朝的百年基業。

劉基審時度勢，不盲目愚忠於元朝，終於在元末亂世中一顯身手，使自己的才學終於有了用武之地，最後得以成為明朝開國的第一功臣。

俗話說：「背靠大樹好乘涼。」一個人要成就一番大事業，光靠自己的力量是不夠的，這就要講究找靠山走捷徑的策略。找靠山要擇善而從，擇優而隨，擇德而附。找准靠山，人生吉祥如意，事業青雲直上。

人生在世，如果選准了靠山，成功就會相伴而來。成功的方式有多種，與人合作可以成功，在人手下幹事也可以成功，關鍵要找准人。

2 上司是梯子，借梯可升天

辦大事，做「大」人，靠自己的力量遠遠不夠，拉拉關係，走走捷徑，不要覺得難為情。

聰明的人在社交應酬中往往善於與自己的上司搞好關係，以此來成就自己的事業。

怎樣才能夠與上司建立起親密的關係，用好這副拐杖呢？把他作為自己手中的拐杖，應該借鑒以下方法：

（1）正確看待領導

如果把上司看成你命運的主宰，成功的階梯，去逢迎他們；或是把他們看做是做官的，與自己毫不相干，除了公事以外，彼此不聞不問，敬而遠之；抑或覺得他們學歷比自己還低，對他們不屑一顧，這些方法都不易與上司相處。

正確的方法是應該把上司看做是與你的前途密切相關的人，是你的直接領導，你應該尊重他，使他對你產生好感。不論是上司的公事還是私事，你都應該積極關注，努力做好，這樣，你才能與上司搞好關係，實現自己的願望。

（2）與上司相處最重要的是尊重主管人員的職權

在上司沒做主張之前，有什麼意見和建議儘管提出。一旦他已拿定主意，你就不要再爭議。記住，你看見的只是其一，他定的卻是全盤大計。你做的事，他必須負責到底，不要以為自己的想法比上司的高明，作為下屬，服從領導是一種美德。

（3）公事公辦

嚴肅也好，隨便也好，讓上司去選擇。不要怕他，不要看到他就

手足無措，或把他看做重要人物來崇拜。有些人在領導面前手足無措，戰戰兢兢，連話都不會說，這樣的人領導是不會欣賞的，他也不會與你建立友好的關係。

（4）不卑不亢是起碼的態度

別千方百計地討好上司，更不要犧牲同事來博取上司的歡心。但是適當地讚揚未嘗不可，當上司有好方法、妙主意時，可以向他表露你的讚美之意。其實有主見的上司最見不得的是拍馬屁的人，所以，過分的吹捧，就會適得其反。

（5）最得上司歡心的還是工作表現

你工作有成績，他也有一份功勞，你與上司處得越好，幹得就越有勁；你幫他把事情辦好，自己的前途也越光明。

（6）對上司應以誠相待

如果在業務上有兩位以上的上司，你必須認清誰是你的主管，應將有關業務問題向他請示，獲得他的信任與支持。另一上司交給的事情，在不相互衝突的情形下，也應盡力去辦理。如果與直接上司的指示相衝突，你應委婉陳述困難，求得諒解，不可在兩位上司之間投機取巧。否則，你會裡外不討好。

（7）不要傷害上司的自尊心

例如，不要越級呈請，不可當眾談及上司的私事。當官的都是要面子的人，他就是靠面子維持他的領導權威，如果失去面子，他就失去了威信，失去了尊嚴，所以，一定要注意這一點。

（8）在上司面前，要常常稱道他的才幹

一個精明的領導，不喜歡別人在他面前搬弄是非，他會認為「來說是非者，必是是非人」。這對一個清醒的領導來說是重要的，你必須學會常說別人的好話，而不說別人的壞話。因為一旦說別人的壞話，

你就會使自己面臨很多對立面，領導不喜歡你，壞話傳出去，被說的人就是你的死敵。一有機會他就會使你吃不了兜著走。

（9）不要時常向上司彙報困難

如果要說困難，盡量同時提出解決困難的有效方法，否則，會使他低估你的辦事能力。

（10）不要經常打擾上司

小事不必件件請示，有些事情等到有圓滿的結果時再向上司報告，這樣可以加深上司對你的良好印象。

（11）要讓上司瞭解情況，這點最重要

上司要定計劃，做主張，不可對上級隱瞞情況，無論好的或壞的消息，都要及時報告。

（12）即使上司十分信任你，也應遵紀守法

不要做任何擅自專行的事，否則，就會侵犯上司的職權或占奪同事的功勞。

如果你能這麼做，上司就定會發現你，會把你當做一個人才來重視，最後你將受到重用。

如果你想做一個會靈活辦事有手腕的人，就必須與上司搞好關係，這是在為你以後事業的成功打基礎，也是你人生成功的關鍵一步。

3 用你的嘴說動別人的腿

　　動動嘴就能調動別人的腿，遠不是簡單的事，但這絕對是最直接、最行之有效的方法。聰明的人善於利用這一點，讓自己辦事的時候盡量少走一些彎路，少費一些時間，他們會用語言來直接說動他人，讓他人為自己辦事。

　　某中學無錢修繕校舍，多次循規蹈矩地層層請示，卻毫無實效，不得已之下，決定由校長向本市一家企業的經理求援。校長之所以打算找該經理，是因為這位經理重視教育，曾捐款一萬元發起成立「獎教基金會」。但遺憾的是，聽說他近兩年的經營一直不理想，校長深感「凶多吉少」，希望渺茫；但是想到全校師生的生命安全，只好「背水一戰」了。於是，有了下面這樣一段精彩的對話：

　　校長：「經理，久聞大名。近日在開會再一次聽到教育界同仁對你的稱讚，實是欽佩！今日正好路過這裡，特來拜訪。」

　　經理：「不敢當！不敢當！我也只是做了點力所能及的事而已。」

　　校長：「經理你真是遠見卓識，首創『獎教基金會』。不但在本市能實實在在地支持教育事業，更重要的是，你的思想影響深遠。『獎教基金會』由你始創，如今已由點到面、由本市到外市，甚至發展到全國許多地區，真可謂香飄萬里、名揚四海啊！」

　　校長緊緊圍繞經理頗感得意之處，從思想影響到實際作用等方面予以充分肯定，說得經理滿心歡喜、神采飛揚。

　　正當此時，校長又自悲地訴說自己的「無能」和悔恨：「身為校長，明知校舍搖搖欲墜，時刻困擾學生的學習，日夜危及著師生的生命安全，卻毫無良策排憂解難。」

拒絕白目溝通
簡單複製成功

聽到這裡，經理立即起身拍拍胸脯，慷慨地說：「校長，既然如此，你就不必再打報告求三拜四了，需要多少錢我捐獻給你們。」

校長緊緊握住經理的手，表示由衷的感謝。

這位校長可謂十分精明，他在瞭解對方的情況下，用美譽推崇的方式獲得了募捐的成功。首先，他對經理遠見卓識，首創「獎教基金會」的行為，從思想影響到實際成效給予了充分的肯定和恰當的讚揚。其次，悲訴自己的「無能」和悔恨，讓對方給予同情，從而深深地打動了對方，達到了預期的目的。

一個善於與人溝通的人，在向別人提出辦事要求時，會特別注意使用禮貌語言，藉以維護對方的面子，照顧人家的意願。因為，他深深地知道彬彬有禮的語言是最好的敲門磚，可以讓對方在不經意間，向你敞開心扉。

下面通過一些實例，傳達給大家一些實用技巧。

（1）間接請求

1. 委婉請求：通過委婉的表達方式（如使用能願動詞、疑問句等）以商量的口氣把有關請求提出來，顯得比較婉轉一些，令人比較容易接受。比如「你能否儘快替我把這事辦一下？」與「儘快替我把這事辦一下！」通過對比，不難看出委婉的表達方式要比直接的表達方式禮貌得多，因而更容易得到對方的幫助和認可。

2. 借機請求：借助插入語、附加問句、程式副詞、狀語從句及有關句型等來減輕話語的壓力，避免唐突，充分維護好對方的面子。比如「不知你可不可以把這封信帶給他？」和「把這封信帶給他！」相比較，可以發現語言中有很多緩衝詞語，只要使用得當，就會大大緩和說話的語氣。

3. 激將請求：通過流露不太相信能成功的想法把請求、建議表達出來，給對方和自己留下充分的退路。比如「你可能不願意去，不過我還是想麻煩你去一趟。」在請別人幫忙或者向別人提出建議時，如果在話語中表示人家可能不具備相關條件或意願，就不會強人所難，同時也顯得自己很有分寸。

（2）謙恭請求

通過抬高對方、貶低自己的方法把有關請求等表達出來，顯得彬彬有禮、十分恭敬。比如「您老就不要推辭了，弟子們都在恭候呢！」請求別人幫助，最傳統有效的做法是盡量表示虔敬，使人家感到備受尊重，樂於從命。

（3）自責請求

首先講明自己知道不該提出某個請求，然後說明為實情所迫不得不講出來，令人感到實出無奈，比如「真不該在這個時候打擾您，但是實在沒有辦法，只好麻煩您一下。」

在人際交往中，要知道在有的時候、有些場合打擾別人是不合適的，不禮貌的，但有時又不得不麻煩人家，這就應該表示知道不妥，求得人家諒解，以免顯得冒失。

（4）體諒請求

首先說明自己瞭解並體諒對方的心情，再把自己的要求或想法表達出來。比如「我知道你手頭也不寬裕，不過實在沒辦法，只好向你借一百元。」

求人的重要原則就是充分體諒別人，這不僅要在行動中體現出來，而且要在言語當中表示出來。

（5）遲疑請求

首先講明自己本不情願打擾對方，然後再把有關要求等講出來，

以緩和講話語氣。比如「這件事我實在不想多提，可你一直忘了替我辦。」

在提出要求時，如果在話語中表示自己本不願意說，這樣就會顯得自己比較有涵養。

（6）乞諒請求

首先表示請求對方諒解，然後再把自己的願望或請求等表達出來，以免過於唐突。比如「恕我冒昧，這次又來麻煩你了。」

請求別人原諒，這是禮貌語言交際最有效的方法，人們常使用這種方式來進行溝通和交流，顯得比較友好、和諧。

巧動嘴，就可以讓別人替我們解決問題，不得不說，這是一個最快速的辦事方法。人活在世上，不可能每件事都有能力去辦，用嘴去調動他人的腿，是辦事順暢的祕訣所在。

4 同學的人脈資源千萬不要浪費

　　誰沒有幾位昔日的同窗？在那個最單純的時候結下的最真摯的友誼，是令許多人難以忘懷的。千萬不要把這種寶貴的人脈資源白白浪費掉，要改變處境，就要學點手腕。從現在開始，你就要努力地去開發、建設和使用這種關係。

　　同學關係是非常純潔的，有可能發展為長久、牢固的友誼。因為在學生時代，人們年輕單純，熱情奔放，對人生對未來充滿浪漫的理想，而這種理想往往是同學們共同的追求目標。加之同學之間朝夕相處，彼此間對對方的性格、脾氣、愛好、興趣等能夠深入瞭解。因此，在同學中最容易找到合適的朋友。

　　雖然彼此的工作領域不同，但可以將焦點對準目前的現狀。原則上，只要擁有進取心且正在奮鬥中的人即可。即使對方在學生時期與你交往平淡亦無妨，你必須主動地加深與其交往的程度。如果你很幸運地找到凡事均能熱心幫忙的物件，就更易與其建立良好關係了。

　　在運用上述的方法時，同時也可並用另一種方法，以擴大交往的範疇。這個方法是通過同學錄上的工作性質來加以取捨，再展開交往的。

　　如果，你在學生時期不太引人注目，想必交往的範圍也很有限度。然而，現在你已大可不必受限於昔日的經驗，而使想法變得消極。因為，每個人踏入社會後，所接受的磨煉是不相同的，絕大多數的人會受到社會生活的洗禮，而變得相當注意人脈資源的重要性，由於這種緣故，再加上曾經是同學關係，你可以很順利地贏得人脈資源。不過，你不要拘泥於學生時期的自己，而要以目前的身份來展開交往。

拒絕白目溝通
簡單複製成功

　　此外，不論本身所屬的行業領域如何，應與最易聯絡的同學建立關係。然後，從這裡來擴大交往範圍。不妨多運用同學身邊的人脈資源，來為自己的成功找到助力。

　　在歷史上，三國鼎力時，蜀國君主劉備的一段經歷就告訴了我們這個道理。

　　劉備讀私塾的時候，因為他講義氣、聰明，所以成為同學中的首領。在讀私塾的那幾年裡，劉備常常幫助其他同學，和同學的關係處得很好。後來劉備長大了，同學們都有各自的道路要走，劉備和要好的同學也分開各奔東西了。

　　可是，儘管同學們分開了，劉備卻非常注重常與同學保持聯繫。有一個叫石全的人，是劉備讀書的時候最談得來的朋友，石全讀完書以後，回家供奉老母親，以盡孝道，以打柴賣字畫為生。

　　劉備沒有嫌石全清貧，常常邀請石全到家裡做客，共同探討時事，這樣的聚會每次都非常成功，劉備和石全的關係不斷地深入，情同手足。

　　後來，劉備為了實現理想，就拉起了一支隊伍參與了東漢末年的軍閥混戰。開始的時候，劉備軍事實力非常小，只好依附其他人。在一次戰鬥中，劉備率領的兵馬被全部殲滅，只剩他一人逃了出來，被同學石全給藏了起來，逃過了一死。

　　看來，同學關係有的時候在危急時刻也能幫上大忙，能夠起到排憂解難的作用。可是，要記住的是，這中間的好處是來自於你的努力，若在你和同學分開以後沒有交往，那麼關係之好從何談起呢，從中受益更是一紙空文了。因此，只要你擁有這份情，真誠地維持分開以後的同學關係，那麼你的人際面就會更加廣泛，路子也會比別人多出幾條來。

　　同學之間的關係，是人生中最親近的一種關係，也是你人際圈中最重要的人脈，不可忽視！

5 審時度勢，借風行船

　　一個人要想依靠機遇取得事業上的成功，就得要學會充分利用人脈，為自己創造機遇，從而幫助自己取得成功。

　　天時、地利、人和之所以是抓住機遇的關鍵因素，是由機遇的突出特性所決定的。那麼機遇都有什麼突出的特性呢？一是它具有稍縱即逝的時效性，也就是我們常說的「機不可失，時不再來」，機遇的這種特性就決定了一旦出現就必須要能夠抓住它，如果你抓不住它，它就會悄然逝去，我們不能再祈望它重新出現。所以，那些能夠成功創業的人一旦發現這樣的機會，就會以最快的速度去開發它、利用它。

　　相反，那些難以成功創業的人則對機遇的到來表現得很麻木，不懂得機遇具有很強的時效性，以致於機會白白地從自己面前消失，使自己喪失了最寶貴的財富，而追悔莫及。

　　以上我們所談論的是機遇的突出特點之一。機遇除了具有很強的時效性這一特點之外，它還有一個非常突出的特徵，即很強的環境制約性。也就是說任何機遇都會受到環境的制約，在一定的環境中它有可能是機遇，而在另外的環境中它則不一定是機遇。

　　因此，在捕捉機遇的時候還必須考慮到環境的影響，一定要培養出因地制宜的捕捉機遇或者因地制宜的創造機遇的能力，這樣才能把機遇變成我們成功創業的階梯。

　　讓我們通過一些成功人士的經驗，來加深我們的認識吧！

　　1984 年在美國洛杉磯舉辦的奧運會，無疑是世界體育史上的一次盛會。這次奧運會不但以創造了許多世界紀錄而名垂奧運史冊，而且這屆奧運會還創造了另外一個世界體育史的奇跡，而成為人們傳頌一

時的佳話，即這屆奧運還成了百年奧運史上第一屆賺錢的奧運會。而奇跡的創造者就是美國第一旅遊公司副董事長尤伯羅斯，這位 1984 年奧運會的總老闆也由於成功地把奧運會變成了賺錢機器而名揚全世界，成了一位家喻戶曉的公眾人物。

尤伯羅斯何以能夠成功呢？說來尤伯羅斯的成功並不複雜，他的成功就在於他成功地抓住了歷史的機遇，他充分地利用了天時地利等一切能夠利用的社會資源。他的成功就因為他深深地懂得機遇的奧妙，他是一位因地制宜的創造機遇、捕捉機遇的能手。

當 1984 年尤伯羅斯成為舉辦奧運會的總老闆的時候，他就認准了美國社會高度商業化的這樣一個環境特點。因此，他決定充分利用這一環境特點，把奧運會這樣的體育盛會變成自己的搖錢樹，並根據美國社會商業化的特點制訂出了很多成功的賺錢方案，從而為自己創造了一個又一個賺錢的機會。比如，他利用奧運會這塊金字招牌，抓住許多企業都想利用這次體育盛會宣傳自己的產品的心理，一方面高價出售電視播放權，一方面加播廣告，連火炬傳遞權都分段出售。僅火炬傳遞權此一項，他就從那些想出名的人們手裡賺取了 4500 萬美元。就是憑著這些有效的招數。尤伯羅斯及洛杉磯舉辦的這屆奧運會非但沒有花政府一分錢，反而贏得了 25 億美元的巨額利潤。從而一舉扭轉了 1984 年以前歷屆奧運會都虧損的歷史現狀。正因為尤伯羅斯開創了奧運會也可以賺錢的局面。為此，國際奧會為了表彰尤伯羅斯的功績還專門為他頒發了一枚特別的金牌。尤伯羅斯真可謂名利雙收，取得了非凡的成功。

從這件事上我們可以看到環境因素的確是制約機遇的重要因素。而真正能夠成功的人，真正能夠捕捉到機遇甚至創造機遇的人就是那些能夠充分利用環境的人，尤伯羅斯的成功之處就是他十分有效地利

拒絕白目溝通
簡單複製成功

用了奧運會在美國這個高度商業化的國家，這樣一種特殊的環境裡舉辦的機遇。並且他還積極地利用這一特殊環境為自己創造出了許多人都意想不到的機會，從而把這屆奧運會辦成了有史以來第一次賺錢的奧運會。

還是那句老話說得好「謀事在人，成事在天」。成功創業，人的因素固然是最為重要的，但任何人不努力要想獲得成功創業都是異想天開。但我們在努力奮鬥的同時，也不應忽視天時地利對成功的重要意義。因此，我們要在做事上就應該能在天時地利尋找時機，那我們則一定能收到事半功倍的效果。

一位一貧如洗的日本人，靠販賣從前蘇聯報刊上收集的科技思想為業，不長時間便奇跡般地成為千萬富翁。他發跡後，對前來採訪的前蘇聯記者，道出了其中的奧祕。

他說：「在我年輕的時候，我窮得像教堂裡的耗子一樣。但是，我追求功名的心很重，並且精力充沛，竭力尋找施展自己精力和才幹的地方。一個朋友嚴肅地建議我研究俄國的科技思想產品市場。記得，當時我感到很驚奇，一個落後於西方工業發達國家一二十年的國家，能有什麼先進科技市場呢？但是，我的朋友不是在開玩笑，他說：『俄國人很有天才，他們在現代科學進步的許多方面處於領先地位，但由於經濟機制及實現和採用先進發明的制度很不靈活，他們越來越失去自己的領先地位。所以，他們往往不得不進口那些被更加靈活的西方競爭者（如我們日本）所實現了的思想，把金子花在了自己的雜亂無章上。』這就是為什麼說這裡有大筆生意可做，不是幾百萬，而是幾百億或幾千億。」

這位日本人接著說：「我『販賣』你們的思想已經有 20 年了。我有充分的權利說，我的公司發財是借你們的不靈活，不善於利用身邊

的東西。」「想知道我是從哪兒開始的嗎？是從你們的《科學與生活》雜誌中的一個欄目開始的。說實話，開始時我也懷疑能否成功，然而成功卻超出了我的預料，它給我帶來了極大的利益。我緊緊抓住不放，獲得了專利權並把它們用於生產。過了一段時間以後，我擴大了自己的企業。現在我訂了差不多你們的全部專業刊物。我的專家認真篩選這些刊物，從裡面撈取了大量勇敢奇異的新思想，而你們俄國人卻沒有利用它。」

這位日本人的高明之處在於採取「借屍還魂」的經營術。從而把自己引向全新的境界。古往今來，那些高明的政治謀略家，在政治鬥爭中，也善於運用「借屍還魂」之計，而讓自己在政治道路上順利擺脫困境，既不會使人感到驚恐，又可免除不測之禍。

只要我們能以智取勝，想出借力使力的辦法，很多時候，我們不需費太多的力氣，便能輕鬆達到我們期望的目標。

6 讓下屬增強你的實力

　　每個人都應該有自知之明的，知道自己不是全才，甚至在很多方面，你也許還不如自己的下屬。但是很多人之所以能一統天下，就是因為重用了一些在某些方面比自己能力更強的人。而恰恰是在這一點上，很多人表現出了一個統帥最值得稱道的品格和能力。

　　成吉思汗是中國歷史上一位著名的人物，在他輝煌卓著的軍事生涯中，他的下屬為他立下了汗馬功勞，可謂功不可沒。

　　成吉思汗在同蒙古交戰時，為了預防對方的偷襲，成吉思汗率軍進行了戰略轉移，將營地遷至呼倫湖西南的班朱尼湖。在這一路的遷移中，遇到了很多困難，首先，面臨嚴重的食短缺問題，但是在這種環境中，問題又無法得到解決，士兵們只能依靠打獵充饑，其次，他們面臨著艱難的處境，隨時都要防備對方軍隊的攻襲，面對這樣的艱難環境，很多人都無法堅持下去，導致多數軍隊都離開了他，士兵大量減少。最後，當他一直遷移到班朱尼湖時，他的手下僅僅剩下 19 個將領，然而在這種極度艱難的處境下，成吉思汗並沒有投降，他不相信自己會失敗，為了讓僅有的這 19 個人能留下，發揮他們的戰鬥力，成吉思汗以湖水當酒，捶胸舉手，對上天發誓說：「使我克定大業，當與諸人同甘苦，苟渝此言，有如河水。」這十九位與成吉思汗一起走到今天的將領，聽到他的這番壯懷激烈的慷慨陳辭，大家都深受感動，流下了熱淚，紛紛表示要與大帥同甘共苦，渡過難關。

　　後來，成吉思汗履行了他的諾言，這 19 位與他出生入死的將領受到了成吉思汗極其子孫的的莫大崇敬和禮遇，加官進爵。

　　由於成吉思汗懂得在危難情況下，借助下屬的力量為己所用，然

後又懂得根據他們的功勞論功行賞，所以贏得了很多下屬的欽佩，使他們甘願與成吉思汗同生死、共命運，從而壯大了自己的力量，開創了歷史上的蒙古汗國，這讓他成為中國歷史中舉足輕重的人。

很多人在危難之際時，看到身邊所剩無幾的人，認為自己無法渡過眼前的困難，會向苦難妥協，這是不對的，在這種時候更應該看到希望，懂得利用眼前人，這樣，才能在逆境中尋求到發展的曙光。

一個人的成功很大一部分取決於他做人做事的方式。很多人都想受人尊重，辦事順利，但卻並不是人人都能坐享其成，而只有那些即會做人又善於做事的人才能把這一切變成現實。

大家對《三國演義》中劉備摔阿斗收買人心的一段情節耳熟能詳，說的是趙雲大戰長阪坡，九死一生救出少主阿斗，當他從懷中把仍在熟睡中的阿斗抱給劉備時，劉備接過來，「擲之於地曰：『為汝這孺子，幾損我一員大將。』果然，趙雲聽後泣拜曰：『雲雖肝腦塗地，不能報也。』從此以後，趙雲終生盡心盡力為蜀國效力，堪稱「鞠躬盡瘁，死而後已」。

下屬的力量是一種巨大的力量，這種力量既能讓一個人的江山穩固，也能讓一個人的江山談笑間灰飛煙滅。所以說，一個國家的掌權者想要借助下屬的力量完成自己所期望的目標，就既要懂得做人之道，又要懂得做事之道。

懂得做人之道的人能得到更多人的擁戴；而懂得做事之道的人更會把事情做好，做得天衣無縫，在競爭中立於不敗之地。然而會做人並不等於會做事，會做事也不等於會做人，兩者之間雖然有著緊密的關係，但他們之間絕不是等同的。倘若兩者之間有一個是瘸腿的也不能稱得上是一個盡善盡美的人，而只有把兩者結合起來，讓做人與做事互相促進，才能收到良好的效果。

拒絕白目溝通
簡單複製成功

　　會辦事是生活中的藝術。在當今的社會中，能夠借助他人的力量實現自己的夢想，這更是一種絕妙的藝術。而如果想要使這種藝術發揮得淋漓盡致，就要掌握好說話辦事技巧，這是我們生活與工作中不可或缺的一部分，恰如其分的表達，靈活得體的辦事能力，就是擴大化的生存空間，也是事業成功的基礎。

　　領導藝術是一門有深度的學問，也是一種細緻入微的技巧。學會借下屬之力，做事才能達到事半功倍的效果，增加下屬的實力就是增強自己的實力，學會巧用人，是事業走向成功的前提和保障。

7 利用枕邊風，萬事好商量

男人的一半是女人，女人的一半是男人。男人與女人之間有一種很微妙的關係，女人往往總是在暗地裡影響著男人，左右著男人的心理情緒和處世態度。找人辦事時，不妨利用女人做些文章，也會輕而易舉地辦成事。這是一些老謀深算者辦事慣用的手腕。

漢高祖劉邦率領大軍與匈奴交戰。劉邦求勝心切，帶領騎兵追擊敵軍，不料中了匈奴埋伏，被迫困守白登山。後續部隊被匈奴軍隊分頭阻擋在各要路口，無法前來解圍，形勢十分危急。漢軍糧草越來越少，傷亡將士不斷增加，劉邦君臣急得像熱鍋上的螞蟻，坐立不安。

跟隨劉邦的謀士陳平連日以來，無時不在苦思冥想著突圍之計。這天，他正在山上觀察敵營動靜，看見山下敵軍中一男一女指揮匈奴兵。經瞭解得知是匈奴王冒頓單于和他的夫人閼氏。他靈機一動，從閼氏身上想出一條計策，回去和劉邦一說，馬上得到了允許。

陳平派一名使者，帶著金銀珠寶和一幅圖畫祕密地去見閼氏。使者用高價買通了閼氏帳下的小番，得到了進見閼氏的機會。見到閼氏後，使者指著禮物說：「這些珠寶都是大漢皇帝送給您的，大漢皇帝想與貴族和好，所以來送禮物，請務必與匈奴王疏通疏通。」

閼氏的心被這份厚禮打動了，全部收下。

使者又獻上一幅圖畫，打開一看，原來上面畫的是一位嬌美無比的美女。使者說：「大漢皇帝怕匈奴王不答應講和，準備把中原頭號美人獻給他。這就是她的畫像，請您先過目。」

閼氏接過畫像一看，圖上的美女就像天仙一般漂亮，她想，如果自己的丈夫得到如此美麗的中原女子，還有心思寵愛自己嗎？想到這

拒絕白目溝通
簡單複製成功

裡，她搖晃著頭說：「這用不著，拿回去吧！我請單于退兵就是了。」

使者卷起圖畫，告辭了。

閼氏送走漢軍使者後，去見匈奴王，她說：「聽說漢軍的援軍快打過來了，這裡的漢軍陣地又攻不下來。一旦他們的援軍趕來，咱們就被動了。不如接受漢朝皇帝講和的條件，乘機向他們多要些財物。」

匈奴王經過反覆考慮，終於同意了夫人的意見。後來，雙方的代表經過多次談判，達成了停戰協議。

利用「枕邊風」達到求人的目的，這種做法古已有之。翻遍史冊，故事比比皆是，想當年，東北的張作霖便是採取這一手腕，成功地為自己挖好了一條地道，結果官運亨通，扶搖直上。

張作霖是個野心勃勃的人，雖說已是土匪大頭目。但他朝思暮想要弄個朝廷官當。

奉天將軍曾祺的姨太太從關內返回奉天，此事被張作霖手下幹將湯二虎探知，急忙報告張作霖，張作霖一拍大腿，說：「這真是『豬拱門』，把貨送到家來了。」

於是，張作霖吩咐湯二虎在新立屯設下埋伏，當這隊人馬行至新立屯時，湯二虎便一聲吶喊阻截下來。隨後，再把他們押到新立屯的一個大院裡。曾祺的姨太太和貼身侍者被安置在一座大房子裡，四周站滿了持槍的土匪。

這時，張作霖便按照原來謀劃，以接到報告飛馬來到大院。故意提高聲音問湯二虎：「哪裡弄來的馬？」湯二虎也提高聲音說：「這是弟兄們在御路上做的一筆買賣，聽說是曾祺將軍大人的家眷，剛押回來。」

張作霖假裝憤怒說：「混帳東西！我早就跟你們說過，咱們在這裡是保境安民，不要隨便攔行人，我們也是萬不得已才走綠林這條黑

254

道的。今後如有為國效力的機會，我們還得求曾大人照應呢！你們今天卻做出這樣的蠢事，將來怎向曾祺大人交待？你們今晚要好好款待他們，明天一早送他們回奉天。」

在屋裡，曾祺姨太太聽得清清楚楚，當即傳話要與張作霖面談。張作霖立即派人給曾祺姨太太送來最好的鴉片，然後入內跪地參拜姨太太，姨太太很感激地對張作霖說：「聽罷剛才你的一番話，將來必有作為，今天只要你保證我平安到達奉天，我一定向將軍保薦你這一部分力量為奉天地方效勞。」

張作霖聽後大喜，更是長跪不起。

次日清晨，張作霖伺候曾祺的姨太太吃好早點，然後親自帶領弟兄們護送姨太太歸奉天。

姨太太回到奉天後，便把途中遇險和張作霖願為朝廷效力的事向曾祺將軍講了一遍。曾祺十分高興，立即奏請朝廷，把張作霖的部眾收編為巡防營，張作霖從此正式告別了「胡匪」、「馬賊」生活，成為了真正的清廷管帶（營長）。

張作霖利用「枕邊風」辦成了由黑道轉為白道的一件大事，可見此「手腕」的效力之大！

你所尋找的這個第三者，說話一定要有分量。女人的力量若能善加利用，也可刮起一陣不小的旋風。因此，你可千萬別小看「枕邊風」的威力，說不定她一句輕輕的點撥，就勝過你千言萬語。

8 親不親故鄉人

在當今社會，利用人脈關係辦事可以說都有自己的門道。想想看，生活中的我們，誰都免不了會遇到各種各樣的事：大事小事、公事私事、好事壞事、喜事悲事、雜事瑣事、煩心事特別是難事急事等。哪個人不是在辦成或辦不成一個又一個的事情中忙忙碌碌呢？

每個人都要辦事，都想成事。無論是誰，若要人生精彩，就絕對少不了能辦事、會辦事、成大事的智慧和勇氣。仔細分析一下，我們不難發現：人生中每一個幸福，不過是一種辦事順暢、結果圓滿的喜悅與欣慰。

而人生中每一個痛苦，也不過是一種辦事艱辛、難成事的悲哀與失落。其實，人生的哲學造詣告訴我們：生活就是辦瑣事，艱辛就是難辦事，智慧就是會辦事，成功就是成大事。

一個人倘若什麼都有了，不會辦事仍會一無所有。但一個人倘若什麼都沒有，學會了辦事就能從無到有，脫胎換骨，再造一個全新的自我。而這種方法就是求人辦事的成功絕招。

張先生以敏銳的思維和大膽的投資，創辦了一個工廠，經過幾年的奮鬥與拚搏，現已成為全國同行業的佼佼者。張先生雖已成家立業，但時時刻刻都想著家鄉，想著家鄉的人民，現在年齡也大了，很有一種落葉歸根的想法，但苦於工作太忙，沒時間回去。

這時，恰巧張先生的家鄉為了創辦當地特有的產品加工廠，需要一筆不小的資金，當地政府千籌萬借，才籌到了總數的三分之一，於是派王某去找張先生，希望能得到援助。

王某是政府對外聯絡辦的，為人聰明，善於交際，而且很有辦法。

他看了張先生的詳細資料後，就判斷張先生這時也很有回家鄉投資的意向。

因此，在沒有任何人員陪同，也沒有準備任何禮品的情況下，獨自一人前往山東。

當張先生聽到家鄉來人時，欣喜之餘也感到有些驚訝，因為久不聞家鄉的資訊，突然有人來了，該不會是招搖撞騙之人吧！張先生心裡不由得生出陣陣疑心，但出於禮節，他還是同王某見了面。

王某一見張先生這種神情，知道他還沒有完全相信自己。於是他挑起了家鄉的話題，只講家鄉解放前及這些年來的風貌變化，他那生動的語言，特別是那濃濃的愛鄉之情溢於言表，令張先生深受感動，也將他帶回了童年及少年時代，想起了那時的家鄉，那裡的爺爺、奶奶，還有鄰里、親戚……很顯然，張先生記憶深處中的那塊思鄉領地已被王某揭開了蓋頭，蘊藏在心中的那份幾十年的感情全部流露了出來，欲罷不能。

就這樣，經過 3 個小時的「聊天」，王某對借錢一事隻字未提，只是與張先生回憶了家鄉的變遷，猶如放電影一般。最後，張先生不但主動提出要為家鄉捐款一事，還答應了與家鄉合資開工廠的要求。

老鄉與其他關係不同之處就在於，老鄉之間的關係是以地域聯之，有一份「圈子」內的情存於心上。

什麼樣的水養什麼樣的人，在一個地方長大之後，或許有許多事情都已經淡忘，但是生活習慣是不容易變化的，心中的烙印不會變化。

家鄉的土特產就能引起老鄉的諸多感受，引起共同話題，藉以拉近彼此之間的距離，易於溝通，從而能很好地辦事。

戰國時期，衛子期在一個小國——蔡當上大夫，深受國君器重。但蔡國地少人多，經常受大國欺負。為此，衛子期深感不安，與國君

拒絕白目溝通

簡單複製成功

商量要找個大國做後盾，最後，他們挑中了地處毗鄰的楚國。

可是怎樣才能將這種意思傳達給楚王呢？又怎樣才能成功呢？還有，應怎樣做才能做得既顧及國家體面，又可達到目的呢？

這些問題困擾了衛子期很長一段時間，他經常日思夜想。終於，他想起了一條路：那就是找楚王身邊的侍從公羊獨，他是蔡國山奇郡人，與衛子期剛好是同鄉。

於是，衛子期在通過其他人與公羊獨接過頭後，就化裝成一個商販。前往楚國都城郊。到了公羊獨的府第，衛子期托人將一盒東西送去給公羊獨，不一會兒，只見公羊獨親自帶領家人，前來迎接衛子期。

是何物竟使得公羊獨如此看重呢？原來，衛子期當時在國內也為要送公羊獨什麼禮品深感頭疼過，他知道公羊獨家產龐大，富可敵國，如送黃白之物則定然不喜，於是他出奇制勝，特叫人準備蔡國山奇郡的特產鹹魚乾 20 馬車，一路浩浩蕩蕩開往楚國。

公羊獨在楚國什麼都有，什麼也不缺，但他有一個癖好，就是愛吃自己家鄉生產的鹹魚乾，可一直苦於吃不到正宗的鹹魚乾，這次，衛子期以如此大「禮」相贈，他焉能不喜，焉能不樂呢？

所以，老鄉之間除了可用「鄉情」引起共鳴外，「鄉物」也是一樣，它是很普通的東西，本身也許並不貴重，但其中所包含的情意卻非「鄉外人」能看出來、體會出來的，它會起到勾起老鄉之情的作用，然後會在這種感情的支配下，對你這位老鄉心存好感，助你一臂之力。

身在陌生的環境裡，求人辦事有一定的難度，那就不妨做一個有手腕的人，善於從同鄉關係入手，打開局面。

9 用好人脈，搭起財脈

　　也許你有著創業的雄心，但是卻苦於沒有本錢，但是這並不代表你不能成功，看當今世界上的許多富翁，他們昨日都是錢袋空空之人。卻在短時間內累積起令人感到驚訝的財富，他們的成功告訴我們：財富不僅僅是你通過勞動賺錢積攢起來的，靠「借」也能成就大業。美國鋼鐵大王卡內基的發跡，便印證了這麼一個道理。

　　卡內基 13 歲那年隨父母移居美國，為了生活，他曾經當過電報公司的信差，幹過鐵路公司的祕書工作。後來，他又參加夜校學習，課程是複式記帳法會計，這段時間他所學的複式會計知識，成了他後來建立巨大的鋼鐵王國並使之立於不敗之地的智力基礎。

　　1860 年前後，卡內基在賓夕法尼亞鐵路西部管理局，局長史考特先生突然問卡內基：「喂，你能籌集到 500 美元嗎？」卡內基面露難色，十分尷尬。因為他父親剛剛過世，為支付喪葬費，他全部的積蓄都已花光，史考特見他困窘的樣子，便說：「我的一位朋友過世後，他太太將遺產的股份賣給了友人的女兒，現在這位女子急需用錢，想轉讓股份，是亞當斯快運公司的 10 股股標，恰好 500 美元，紅利是一股 1 美元……」「這麼大一筆錢，我實在是籌集不出來，不過，如果您能借我，我一定按預定的日期歸還。」卡內基預感到這確是一個機遇，應該果斷地抓住。於是，貧窮的他開始了創業的第一步，策略是「借雞生蛋」。一個人創造財富的過程，充滿著曲折、艱辛、困苦。常常因沒有資金，面對機遇時只能望洋興嘆，或缺乏原始累積，而無法運作生意，卡內基在這種情況下，想到了「借」。

　　「那好，我先替你墊上，你應該有這個勇氣，無論如何也要買下

來。」史考特先生堅持讓卡內基一定要做成這筆生意。

　　第二天，史考特先生卻告訴卡內基：「對不起，人家非 600 美元不賣。」

　　卡內基態度非常堅定地說：「600 美元也要，我一定要，請代我先付 600 美元。」由於史考特先生昨天對他的堅決支持，使他的自信心堅定起來，毅然決定去拚一把，人生就是這樣，一旦將機遇看准，就不能有所猶豫，要堅定、果敢，大膽地邁出這關鍵的一步。

　　半年後，卡內基母子倆節衣縮食總算還清了這筆債款。不久，一封裝有 10 美元紅利支票的信寄到卡內基手中，他將其交給史考特先生作為利息。

　　一個偶然機會，一位叫伍德拉夫的設計師找到卡內基，他設計發明了一輛臥鋪車的模型。這種臥鋪車可方便旅客夜間旅行，構思奇特新穎，在當時是比較先進的客車車型。卡內基把他請到史考特的辦公室。史考特看到伍德拉夫設計的臥鋪車模型，非常感興趣，為其巧妙地構思所吸引，雙方當即達成交易。

　　走出史考特的辦公室，伍德拉夫遊說卡內基入夥。卡內基非常想試試，心裡充滿了想幹一番事業的衝動。但他實在沒錢，他不想因沒錢而錯失這個機遇，他又想到了「借」，不過這次借的數目要很大很大，他想起了銀行。銀行對他的計畫很感興趣，那位銀行家對他說：「那是值得投資的事業，我願意借你，將來若是賺大錢，要存入我的銀行啊！」

　　投產後，臥鋪車廂的訂貨單非常多，許多鐵路公司對新車型給予極大關注。卡內基這次投資獲得成功，一年以後，他分得了上萬美元的紅利，有了一點基礎，卡內基就謀求更大的發展，那一年，他與創辦匹茲堡鐵路工廠的柯爾曼出 4 萬美元買下了斯陶利農場。這是一個

盛產石油的地方。一年後，卡內基分到 100 萬美元的現金紅利，3 年後達到 500 萬美元。

後來，卡內基把目光又投向了鋼鐵業。隨著經濟的迅猛發展，美洲大陸對鋼鐵的需求大增，卡內基抓住良機，全力以赴地大幹起來，向鋼鐵業投入了全部的精力。他又一次獲得了成功。

經濟形勢的發展正像卡內基預測的那樣，軍火、鐵路各方面對鋼鐵的需求愈來愈大。半年過去了，他的資金翻了幾番，他的公司在鋼鐵市場佔據著舉足輕重的地位，他成了美國的大富翁之一。

可見，沒錢並不能代表你不能成功，只要你抓住了機會，放下面子，拿出膽量，敢於借錢，善於利用別人的錢來創造自己的財富，成功就會指日可待。

猶太人有一句經商名言：「沒有能力買鞋子的時候可以借別人的，這樣比赤腳走得快。」無論你從事何種行業，如果你想要取得成功就要先學會「借」，這樣才能使你迅速爬上台階。

親愛的朋友們，克服你畏首畏尾的膽怯心理，拿出你的勇氣，勇敢的借貸，成功就會在不遠處向你招手。

但是在借債時要切記以下幾點：

首先，借債投資要講信用。俗話說：「好借好還，再借不難。」在借錢的時候一定要嚴守誠信，答應別人說何時歸還就要按制定時間歸還，如果暫時緊張而不能償還，也要很有誠意的登門向人道歉，博得對方的同意。

其次，要讓借給你錢的人有利可圖。要懂得無論你借了誰的錢，不管是銀行還是個人，哪怕是自己的親兄弟姐妹，也要記得在還錢的時候多加上一些利息，這既能展示你的品質，同時也讓人心情愉悅，更為以後再借打下良好的基礎。

再次，在你向別人借錢時，要保證自己能從投資中獲得收益時才能借債，也就是說在借債前，你要確定你有一個智慧的大腦，可以通過你的聰明才智賺到錢，否則最後既沒賺到錢，又賠了本，這樣你的借債就毫無價值可言了。

當然在借債時，還要考慮到你的償還能力，因為如果為了生產而去借款，這是一個必要的選擇，但是如果無止境地去借款，這只能說不是一種高明的做法，所以要在你的償還能力範圍之內去借錢。

最後不要借短期的債，要借長期的債，因為放長線才能釣到大魚，短期借收益的可能性很小，相反還會增大投資的風險。

在一個人資金不足的情況下，不要一味地死拚、硬拚去做一件自己能力不及的事，要使用一些「借」的手腕，巧借他人的資金，行自己之意，從而為自己找到一條更好的道路。

很多人的成功都是靠「借」來取得發展的，會借才會贏，這是「借」的妙處所在。它會讓你白手起家，也會讓你登上巔峰。

第九章
通融達變，智欲圓而行欲方

　　方是做人的脊梁，圓是處世的錦囊。方為動，圓為靜，方是原則，圓是機變。外表要圓，內心要方；對己要方，對人要圓。做人能方亦能圓，方外有圓，圓中有方，以不變應萬變，以萬變應不變，才能無往而不勝，事事圓滿。

1 左手白臉，右手黑臉

在京劇裡，演員面部化裝，以各種人物不同，在臉上塗有特定的譜式和色彩以寓褒貶。其中紅色表示忠勇，白色表示奸詐。不同的臉譜顯示了不同的角色特徵。關係學中紅白臉相間借用京劇臉譜的名稱，但它要比京劇中簡單化的臉譜複雜得多，它是寬猛相濟，恩威並施，剛柔並用的綜合，是一種高級統馭術。

高明的企業領導深諳此理，為避此弊，莫不運用紅白臉相間之策。有時兩人連檔唱雙簧，一個唱紅臉，一個唱白臉；有更高明者，像高明的演員，根據角色需要變換臉譜。今天是溫文爾雅的賢者，明天變成殺氣騰騰的武將。歷史上不乏此類高手善用此法之例證。

三國時期，蜀國南方諸夷發動叛亂。蜀相諸葛亮深知南中之事，不僅關係到蜀漢後方的穩定，同時也關係到北伐大業，就下決心親自率軍遠征。

此次出兵，諸葛亮兵分三路，沿途平定零星叛軍，主力行至益州郡。孟獲為叛軍頭領，為少數民族首領，在南中地區很有威信和影響。當諸葛亮聽說孟獲不但作戰勇敢，而且在南中各個地區的部族人民中很有威望，想到如果把他爭取過來，就會更好地解決少數民族和蜀漢政權的關係，消除南中時常叛亂的根源，會使蜀國有一個安定的大後方。諸葛亮深知孟獲的個性，應以攻心為上，攻城為下；心戰為上，兵戰為下。不可專用武力，而應注意征服他們的心。於是，他決定唱一次紅白臉，下令只許活捉孟獲，不得傷害。

當蜀軍和孟獲的部隊初次交鋒時，諸葛亮授意蜀軍故意退敗，引孟獲追趕。孟獲仗著人多勢眾，只顧向前猛衝，結果中了蜀軍的埋伏，

被打得大敗，自己也做了俘虜。當蜀軍押著五花大綁的孟獲回營時，孟獲心知此次必死無疑，便刁鑽使橫，破口大罵。誰知一進蜀軍大營，諸葛亮不但立即讓人給他松了綁繩，還陪他參觀蜀軍營寨，好言勸他歸降。孟獲野性難馴，不但不服氣，反而倨傲無禮，說諸葛亮使詐。諸葛亮毫不氣惱，放他回去，二人相約再戰。

　　孟獲回去之後，重整旗鼓，又一次氣勢洶洶地進攻蜀軍，結果又被活捉。諸葛亮勸降不成，又一次把孟獲送出大營。孟獲也是個強脾氣，回去又率人來攻並同時改變進攻策略，或堅守渡口，或退守山地，卻怎麼也擺脫不了諸葛亮的控制。一次又一次遭擒，一次又一次被放。

　　到了第七次被擒，諸葛亮還要再放他走，孟獲流著淚說：「丞相對我孟獲七擒七縱，可以說是仁至義盡，我打心眼裡佩服，從今以後，我決不再提反叛之事。」

　　結果，諸葛亮唱的這次紅白臉使孟獲回去之後，說服各個叛亂部落全部投降，南中地區重新歸屬蜀漢控制。自此，蜀國的大後方變得穩定，南方各族人民也得以休養生息，安居樂業。

　　統治者需應付的事，需對付的人各式各樣，所以只有一手是不行的。紅白臉相間也就是一文一武，一張一弛，既有剛柔相濟，又恩威並施，各盡其用。任何一種單一的方法只能解決與人相關的特定問題，都有不可避免的副作用。對人太寬厚了，便約束不住，結果無法無天；對人太嚴格了，則冷峻刻板，毫無生氣，有一利必有一弊，不能兩全。

　　會單打獨唱紅白臉相間術的高手要算清朝的康熙皇帝了。

　　清初，漢族作為一個被征服的民族，政治地位非常低下，備受滿族人歧視。這種民族歧視的存在，使不少漢族官員心懷怨恨，苟且推諉，不肯盡心為朝廷效力。康熙為了安撫漢族官員，從形式上消除了明顯的歧視，一再聲稱「滿漢皆朕之臣子」，宣佈「滿漢一體」劃一

品級，滿漢大小官員只要職位相同，其品級也就相同。官員的一視同仁極大地減少了漢族官員的不滿。康熙還大批任用漢官擔任封疆大吏。

康熙對他所信任的漢族大臣，往往也能推心置腹，深信不疑。康熙曾非常信任儒臣張英，幾乎到了形影不離的地步，經常在一起討論一些軍國大計以及生活瑣事，時人評論說他們「朝夕談論，無異生友」。康熙還強調「君臣一體」，時而還邀請漢族大臣到禁苑內和他一起遊玩、垂釣。受邀請的大臣自然將此視為莫大的榮幸，從而對康熙更忠心耿耿了。

但是，康熙對漢族官僚士大夫、知識份子也還有防範和高壓的一手。他經常用一些心腹之人監視地方官吏和當地人民。他們這些人不斷用密折向康熙報告各地的民情和官場情況，督撫等大員的舉動更是監視的重點。

殘酷無比的文字獄就是起始於康熙年間。明朝滅亡後，有不少的明朝遺民對清政權表示不滿，他們使用種種手腕發洩對清政權的不滿，其中發表文章是一個十分重要的方式。康熙對他們採取了極其嚴厲的鎮壓措施，從清查對清朝不滿的明朝遺民開始，在全國展開了大規模的搜捕活動。許多人因此而被株連，成百上千的人被投入監獄，甚至死去的人也未能逃脫處罰。一時間恐怖氣氛彌漫全國，人人噤若寒蟬，不敢流露一點對朝廷的不滿。

作為一個少數民族君主，康熙是歷史上一位很有作為的皇帝，他英明果斷、文武雙全。對漢族士大夫知識份子實行的是恩威並施，又拉又打，以拉為主，而又加以防範的政策。這才制止了漢族士大夫們的分裂傾向，從而鞏固了清朝的統治基礎，保證了國家的長治久安。在他的治理下，清朝迅速強盛起來，進入鼎盛的康乾盛世時期。

康熙就是靠著人才濟濟的智力優勢，也靠著他本人紅白臉相間的

韜略雄才，做起了中國歷史上最偉大的好皇帝。

明智的上司和明智的下屬都應明白：這畢竟是策略和手腕，是誰都可以使用的，究竟誰更高明那得看誰更會唱紅白臉了，一切都是一齣戲而已。

人生如戲，戲如人生，紅白臉的轉換也需要一定的心機和技巧，運用得當則雙方皆大歡喜，失當，則雙方不歡而散。因此學會剛柔相濟，恩威並施，方能將其效果發揮的淋漓盡致。

2 要精明，更要藏巧

老子曾說過：「良賈深藏若虛，君子盛德容貌若愚。」其意義是告誡人們，不要過分炫耀自己的能力，要懂得藏巧。在社會中，有辦事能力的人，幾乎都是足夠精明的。但是，聰明的人更應該懂得隱藏精明，這才是一種高明的辦事方法。

在律師事務所強手如雲的環境裡，有一個剛從業不久的律師，只是解決一些非常簡單的案子，那些大案子根本輪不到他。可他卻是政法大學的高材生，為人精明。因此，他並沒有因為接不到大案而氣餒，而是找更多的機會接觸大案。閒暇時，他總是給那些還來不及應對的案子做個計畫，並寫出應對方案。他的聰明之處在於，他從來不把完全的方案寫出來，而總是留下點漏洞，然後去請教他人。

這些人看過他的方案後，都願意指出他故意留下的漏洞。同時，這些人也看到了他在其他方面都考慮得很周全，補上漏洞幾乎就是完整的方案。於是，其他的律師都開始賞識他，有個很有名的律師還願意收他為徒。

這以後再做方案的時候，他的方案缺陷越來越少，做得越來越好。那位名律師也非常高興，不久後，就開始帶著他辦案。半年多後，他已經開始獨立接案子了。不過，他依然不時地請教那位名律師，平時也經常虛心向他人請教，兩年後，他就成了當地小有名氣的律師。

做人精明無可厚非，而且值得稱道，但不能精明過火，至少在表面上，要善於隱藏，否則精明就易淪為刻薄，很容易得罪人，所以說精明一定要是有心計的精明。這樣，才能把「巧」藏住，讓自己更容易辦事成功。

下面三種切實可行的小技巧，值得一試：

（1）給精明留個漏洞

人在辦事的時候要適當表現精明，這樣會讓對方更容易注意到你。但是，這種精明並不要完全表現出來，而是要留下一點漏洞，給他人一個表現的機會，讓對方覺得自己更高明。這樣，你再適當讚揚對方幾句，事情就更容易辦成。

（2）精明要適度，藏巧更要適度

辦事的時候，太精明了會讓他人對你進行防範，過分藏巧也會讓他人覺得你太愚蠢，從而不願意和你辦事。誰不願意給自己找個差不多的對手呢？所以，聰明的人懂得什麼時候該精明，什麼時候該藏巧，這樣才會更容易辦事成功。

（3）精明要循序漸進地露出來

每個人都有自己的精明之處。但是，聰明的人懂得一點點地表現。開始辦事的時候，要把巧藏住，讓對方完全暴露出來，容納後再一點點顯示自己的精明。這樣對方既不會覺得你無能，還會顯得他高你一等，他就會願意與你來往。

做人講究心計，但不能太過精明，而要懂得藏巧。這樣你必定會有一個幸福、快樂、成功的人生。

3 欲取先予，巧辦難事

　　一般而言，不論辦什麼事其實都是對某種利益的追逐。而要在社會上獲得某種利益，又必須保持一種相對穩定的利益平衡關係。就是說在利益問題上不能總一頭升，一頭沉，不能讓對方一味地付出，而在付出之前或付出之後總得還要有所得，這種獲得當然不限於物質上的，也包括精神上的、感情上的。所以，正是基於世界上這樣一種利益平衡關係，人們才有了「欲取先予」的辦事方法。

　　古人云：「將欲取之，必先予之」，但「予之」並不是施捨，而是「給予」。也就是說你要想從別人那裡獲取利益，必須要先給予對方一定的好處，讓「予」作為手段，以此達到「取」的目的，而一個精明的人正是在這種做法中體現出了他們的智慧和謀略，這種方法從古至今經過宗人的成功運用，如今也已成為眾人推崇的好方法之一。

　　這種辦事方法的守則是：「欲取」的目標必須暫時隱藏不露，且在未露之前投其所好，先給對方甜頭嘗嘗，待對方嘗得高興了，再順勢把自己「欲取」的目標提出來。因為對方先得到了甜頭，不但心情好，而且還可能產生知恩圖報的心理激發，在這種心理驅動下，很容易答應對方的辦事請求。

　　常言道：「吃人家嘴軟，拿人家手短。」一旦接受了人家的好處，占了人家的便宜，再拒絕起人家的辦事請求來，就不那麼好意思開口了。中國人重人情，講面子，「滴水之恩必當湧泉相報」，聰明人運用這一方法，幾乎百試不爽。

　　清代著名書畫家「揚州八怪」的代表人物鄭板橋就曾被這種糖衣炮彈打中，吃了一次啞巴虧。

　　鄭板橋擅長畫竹、蘭、石、菊，字寫得也棒。他那幅「難得糊塗」的複製品，今天大街小巷仍隨處可見，當時，慕名上門來求他字畫的人不少，鄭板橋也不客氣，寫了一張價格表貼在大門上，上面寫道：

　　「大幅六兩，中幅四兩，小幅二兩，條幅對聯一兩，扇子斗方五錢。凡送禮物、食物，總不如白銀為妙；公之所送，未必弟之所好也。送現銀則中（表）心喜樂，書畫皆佳。禮物既屬糾纏，賒欠尤為賴帳。」

　　明碼標價，頗為痛快直爽。

　　不過，鄭板橋恃才傲物，鄙視權貴，一些達官顯貴想索求書畫，哪怕推著裝滿銀子的車來，也被拒之門外。

　　有位大富豪新蓋了幢別墅，豪華富麗，但就是缺少「斯文」氣息。有人建議，何不弄兩幅鄭板橋的字畫，往客廳裡一掛，豈不就高雅脫俗了嗎？

　　富豪一聽，猛拍大腿，妙！拎著錢箱就往鄭板橋家跑。名片遞進去後，照例被擋在門外，理由無非是先生外出、不舒服、在練氣功等，一連幾次都是如此。

　　後來，大富豪與一位大官朋友閒聊時，偶提此事，大官說：「你怎麼連鄭板橋是什麼人都不曉得？別說你啦，我想要他的畫，要了好幾年，都還沒弄到手。」

　　大富豪一聽，來了精神，誇下海口道：「瞧我的，不出幾天，定能弄幾幅字畫來，上面還要讓他寫上我的大名。」

　　於是，大富豪派手下人四處打探鄭板橋的生活習慣和各種愛好。

　　這一天，鄭板橋出來散步，忽然聽見遠處傳來悠揚的琴聲，曲子甚雅，不覺感到好奇，這附近沒聽說有什麼人會奏琴呀？於是，循聲而來，發現琴聲出自一座宅院。院門虛掩，鄭板橋推門而入，眼前的情景讓他大感驚訝：庭院內修竹疊翠，奇石林立，竹林內一位老者鶴

髮童顏，銀髮飄逸，正在拂琴而鳴。哎呀，這分明就是一幅美好的圖畫呀？

老者看見他，立即戛然而止，鄭板橋見自己壞了人家興致，有點不好意思，老者卻毫不在意，熱情地讓他入座，兩人談詩論琴，頗為投機。

談興正濃，突然，傳來一股濃烈的狗肉香，鄭板橋感到很詫異，但口水已經忍不住要流下來。

一會兒，只見一個僕人捧著一壺酒，還有一大盆爛熟的狗肉，送到他們面前。一見狗肉，鄭板橋的眼睛就黏在上面了，老者剛說個「請」字，他連故作推辭的客套話都忘掉了，迫不及待地狂喝酒，猛吃肉。

風掃殘雲般地吃完狗肉，鄭板橋這才意識到，連人家尊姓大名還不曉得，就糊裡糊塗在人家這裡大吃一通。現在酒足飯飽，總不能就這麼一甩袖子，說聲「拜拜」就走吧！

然而，又該怎麼答謝人家呢？留點銀子吧，不僅太俗，而且自己出來散步沒帶錢呀。於是，他對老者說：「今天能與您老邂逅，實在是幸會，感謝熱情款待，我無以回報，請您找些紙筆，我畫幾筆，也算留個紀念吧。」老者似乎還有點不好意思，連聲說：「吃頓飯不過是小意思，何必在意！」

鄭板橋以為他不稀罕書畫，便自誇說：「我的字畫雖算不上極佳，但還是可以換銀子的。」

老者這才找來紙筆，鄭板橋畫完，又問老者的名，老者報了一個，鄭板橋覺得耳熟，但又想不起來是怎麼回事，還在落款處題上「敬贈某某某」。看看老者滿意地笑啦，這才告辭離去。

第二天，這幾幅字畫就掛在大富豪別墅的客廳裡，大富豪還請來

賓客，共同欣賞。賓客們原以為他是從別處高價購買來的，但一看到字畫上有他的大名，這才相信是鄭板橋特意為他畫的。

消息傳開後，鄭板橋簡直不相信自己的耳朵。他又沿著那天散步的路線去尋找，發現那原來是座無人居住的宅院，這才意識到，自己貪吃狗肉，竟然落入人家的圈套。

「欲取先予」不單單是一種策略，更是一種智慧，是人們為人處世的大智慧和高境界。因為人人都有這種互惠心理，只有你先給予了別人好處，別人才會給予你好處，更確切地說就是先滿足別人，再滿足自己。

無論是在生活還是在工作中，「欲取先予」都可以堪稱是一門上等的戰術和藝術，但在使用這種方法的時候，也要掌握好「度」的問題，在「予人」的時候，不要一味盲目、過分地給予，否則你的無節制給予，最後不僅得不償失，而且還會造成違背初衷的後果。

「取」是一種本事，「予」是一種智慧。欲取先予從某種意義上講是一種利益的交換。

4 好馬也吃回頭草

「好馬不吃回頭草」是一句流傳甚廣的民間俗語。其實，我們很多人都清楚地知道「回頭草」好吃，而且，有時候也有機會吃，可為什麼不回頭呢？難道只是為了「好馬不吃回頭草」這句話嗎？還是拋不開面子？以為這樣才是有「志氣」、有「骨氣」嗎？

殊不知，這麼簡單的一句話使多少人失去了本來屬於自己的成功和幸福。

有一名公司員工因故被老闆辭退，一個星期後，老闆又給她打電話，並向她解釋，之所以讓她走人，確實因為老闆當時心情不好，但公司現在仍歡迎她回去，而這位員工聽說後很生氣地予以回絕：「好馬不吃回頭草！」還有一位男士也是如此，他被女朋友給甩了，心情十分痛苦，因為他內心裡深愛著這個女孩。過了一段時間，女朋友回頭向他認錯，並表示願與他重歸於好，而這位男士為了維護自己的男子漢氣概，便很傲氣地說道：「好馬不吃回頭草！」

是的，我們不能沒有做人的骨氣與人格。為了達到自己的某一目的而受人擺佈，喪失應有的自尊與道德，實在不是一種可取之道。但在某些場合下，曲折迂迴的戰術也確實能助我們一臂之力。而如果一味地恪守「好馬不吃回頭草」的信條，那麼你就缺少了一種迴旋的時間與空間，自己把自己的路給堵死了。

也許你會說：做人就是要有一種「好馬不吃回頭草」的志氣，要有一種「生當作人傑，死亦為鬼雄」的英雄氣概。但你仔細想一下，如果你真的有志氣，寧可當匹英雄的死馬，也不做一匹賴活的活馬，那麼世人倒真應該為你立塊碑紀念了。但可惜的是，現實生活中有很

多人卻恰恰是一時的衝動，意氣用事而斷送了自己本該擁有的後路。

在絕大多數情況下，一些人完全有把握分清自己當時是一種志氣還是意氣行事。但他們就是在面臨該不該回頭時，錯把意氣當成了志氣，明知自己已「無草可食」，而「回頭草又鮮又嫩」，卻怎麼也不肯回頭去「吃」。

看到這裡有讀者會問了，你這不是讓我們經常去吃「回頭草」嗎？當然不是，而是去尋找自己的出路。生活中很多事情都有多種可能與選擇，並不是不吃「回頭草」就會餓死，甚至如何如何。回頭還是不回頭，這完全是一種選擇，當你面臨回不回頭這一關卡時，你首先要考慮的應該是「回頭草」值不值得去吃，而不是所謂的面子和志氣、骨氣問題。當然，要不要吃「回頭草」，首先要取決於有沒有「回頭草」可吃。如果有，那麼就要考慮這些「草」夠不夠吃；如果沒有草可吃或是吃不飽，那麼就要想想未來是不是還會有「草」可吃；在吃到草之前，你還可以支援多少時間？如果夠吃，則要看看這「草」的成色是否值得去吃。

當然，我們在這裡也不得不說，「回頭草」有時好吃，可是「吃」起來並不那麼令人好受，因為當你吃「回頭草」時，也許會碰到周圍人們的議論，甚至嘲諷，以至於讓你無法「張口」，或者是引起「消化不良」。因此，奉勸你一句話：「吃」你的「草」，管他如何議論。你只要認真誠懇地「吃」以「解決溫飽」並「養成壯身體」就可以了。何況隨著時間的流逝，別人也會忘記你是否「吃」過「回頭草」。

先看看下面這個故事，也許就會發現「回頭草」吃起來也會別有一番滋味在心頭。

一名男子，年輕的時候經人介紹認識了一位既年輕又漂亮，既端莊又大方的姑娘，兩人一見鍾情。誰知他的女友這山望著那山高，不

拒絕白目溝通
簡單複製成功

久又結識了一位高幹子弟，由於對方很會用甜言蜜語討好女人，再加上家境殷實遠遠超過她目前的男友，於是，她便同男友毅然決然地分手了。男友原本沉浸在愛情的甜蜜與幸福之中，初聽到這一消息後頓時如五雷轟頂，深陷失戀的痛苦之中。在很長一段時間裡，他整天異常苦悶，徹夜失眠，原本英俊瀟灑的他，變得異常頹喪，沒有一點兒精神。

為了使自己儘快從痛苦中解脫出來，也為了儘快擺脫失戀的痛苦，這位小夥子把全部的精力傾注在事業上，工夫不負有心人，不久就小有成就。正在這時，小夥子以前的女友突然又回過頭來找他，並一把鼻涕，一把眼淚地要求與他恢復戀人關係。原來，在他與那位家境殷實地高幹子弟相處一段時間後，很快就發現此人是一個花天酒地、風流多情的花花公子，於是便毅然地斷絕了與他的來往。閒暇時只要想起自己與前男友在一起度過的幸福時光，這個女孩就追悔莫及。經再三考慮，決定向前男友道歉並懇求對方的原諒。

面對自己曾深愛的女友，小夥子很是猶豫，該不該吃「回頭草」令他頗費踟躕，可謂是舊情難捨，但周圍人（親戚、朋友）都勸他快刀斬亂麻與前女友徹底斷絕往來，憑你現在的資本，你的條件，找什麼樣的靚女子沒有呀！何況「天涯何處無芳草」，大丈夫又何患無妻呢！

但這個小夥子是個講意氣、重感情的人，他想起與女友在過去相處時快樂而甜蜜的時光，女友身上的很多優點，女友在自己面前流下的悔過淚水，以及那些道歉的肺腑之言……如此這些，都讓小夥子難以割捨。最後，他毅然決定與女友重歸於好，再續前緣。後來，兩人在雙方家人、親戚、朋友的祝福下喜結連理，婚後家庭美滿幸福。在第二年就有了愛情的結晶——人見人愛的兒子出生了。並且在妻子的

協助下，這位男子的事業又更上一層樓。

不知道看了這個小故事後，會引發讀者朋友們怎樣的感想呢？

做人不能死要面子活受罪，有時，回頭草該吃就吃，只有這樣，你才能填飽肚子，養肥自己！

5 裝聾作啞，不戰而勝

事實上，我們經常見到有些人在用語言無法解決問題的時候，巧妙地運用自己的非語言行為最終解決了這些難題。

有位著名的女談判專家替她的鄰居與保險公司交涉賠償事宜。

理賠員先發表了意見：「女士，我知道你是談判專家，一向都是針對巨額款項談判，恐怕我無法承受你的要價，我們公司若是只出100美元的賠償金，你覺得如何？」

女專家表情嚴肅地沉默著。根據以往經驗，不論對方提出的條件如何，都應表示出不滿意，此時，沉默就派上用場。因為，當對方提出第一個條件後，總是暗示著可以提出第二個、第三個……

理賠員果然沉不住氣了：「抱歉，請勿介意我剛才的提議，再加一些，200美元如何？」

良久的沉默後，女談判專家開腔了：「抱歉，無法接受。」

理賠員繼續說：「好吧，那麼300美元如何？」

女專家過了一會兒，才說道：「300美元？嗯……我不知道。」

理賠員顯得有點慌了，他說：「好吧，400美元。」

又是躊躇了好一陣子，女談判專家才緩緩說道：「400美元？嗯……我不知道。」

「那就賠500美元吧！」

就這樣，女談判專家只是重複著她良久的沉默，重複著她的痛苦表情，重複著說不厭的那句緩慢的話。最後，這件理賠案終於在500美元的條件下達成協議，而鄰居原本只希望能要到300美元！

還有一位經營印刷業的女老闆，在經營了多年之後萌發了退休的

念頭。她原來從美國購進了一批印刷機器，經過幾年使用，扣除磨損費應該還有 250 萬美元的價值。她在心中打定主意，在出售這批機器的時候，價格一定不能低於 250 萬美元。有一個買主在談判的時候，針對這批機器的各種問題滔滔不絕地講了很多，這讓這位女老闆十分惱火；但是，在她剛要發作的時候，突然想起自己 250 萬美元的底價，又冷靜下來，一言不發地看著那個人繼續滔滔不絕地說話。最後，那人再沒有了說話的氣力，突然蹦出一句：「嘿，大姐，我看你這批機器我最多能給你 350 萬美元，再多我們可真是不要了。」於是，這位女老闆很幸運地比計畫多賺了 100 萬美元。

沉默為什麼會產生如此大的「無聲效應」呢？因為沉默所表達的意義是豐富多彩的，它以言語形式上的最小值換來了最大意義的交流。沉默既可以是無言的贊許，也可以是無聲的抗議；既可以是欣然默認，也可以是保留觀點；既可以是威嚴的震懾，也可以是心虛的流露；既可以是毫無主見、附和眾議的表示，也可以是決心已定、不達目的決不甘休的標誌。當然，在一定的語境中，沉默的語義是明確的，就像樂曲中的休止符一樣，它不僅是聲音的空白，更是內容的延伸與昇華，是對有聲語的補充。

與人相處時，特別是遇到問題產生不同看法時，適時的沉默，並不意味著膽怯、畏縮和無能，反而意味著理解、寬容和尊敬，更容易起到溝通感情和解決問題的作用。如在與人交談時，適時的沉默與作曲家認為兩音符之間的空白與音符本身同樣重要的道理是一樣的。適時的沉默，既能體現出人的學識修養，也能避免說出效果不夠理想的言語──言多必失；當然，我們並不是主張回到那種「萬馬齊喑」的沉悶局面，那是對人們心靈的嚴重壓抑。

心理學家則認為：適時沉默能使說話者變得冷靜，肩部和嘴部的

肌肉放鬆，會更加心平氣和，語言流暢。適時沉默是一種明智的行為。

　　沉默是一種品格，沉默也是一種境界，沉默使人獲得力量，沉默的人生是智慧的人生，沉默的境界是有力量的境界。生活總是無端地冒出許多煩惱，喧囂的世界又總是擾得人不得安寧。所以，女人要學會適當的保持沉默，也就找到了擺脫煩惱的最好方法。許多時候，女人的沉默比大聲吵鬧更能表達自己的思想，沉默更具有攝人心魄的力量。沉默時，思路更加清晰，更容易找到解決問題的辦法。默默地思想，默默地探求，人生總會迎來新的一天。

　　沉默並不是默認，只是一種思考，在有些時候，適當的沉默比滔滔不絕，更能讓人信服，從而達到預期的計畫。

6 妻子撒嬌，丈夫彎腰

撒嬌是女人的專利。幾乎沒有一個男人不喜歡撒嬌的女人，幾乎沒有一個會撒嬌的女人在男人面前不受寵。撒嬌的女人，是因為知道對自己的性別優勢。會撒嬌的女人，能讓別人看到她的風情萬種。會撒嬌的女人，你的丈夫會更喜歡你。

撒嬌是女人的一種心理需求。心理學家認為，女人一旦墜入愛河，就會變得孩子氣。喜歡奶聲奶氣地說話，喜歡吮吸（接吻），喜歡撒嬌（或撒野）。換言之，愛，容易使女人變得不理性，這可以追溯到嬰兒時期的種種低級需求。

兩個人共同生活在一起，難免產生摩擦，特別是遇到困難時男人會脾氣暴躁，怒火一觸即發。這時候千萬不要火上澆油，而是要溫言軟語，先讓他熄火。事實證明，在跟男人的衝突中，聰明的女人都能明白柔能克剛的道理，只有愚蠢的女人才會選擇針鋒相對。一個喜怒無常，經常像鬥牛士一樣怒髮衝冠的女人是令人恐懼的。

馬大娘自從老伴去世後，含辛茹苦地拉扯著兩個兒子——馬鋼和馬鐵。眼瞅著馬氏兄弟都長成了五大三粗的小夥子，馬大娘打心眼裡高興。去年春天，大兒子馬鋼娶了媳婦，二兒子馬鐵也談上了物件，馬大娘心裡高興了，苦日子終於熬到了頭，這下該安度晚年啦。誰知，兒子卻沒有讓老人家安享晚年。馬鋼結婚時間不長，新房裡便時常發生一些「戰事」。馬鋼打小就性如烈火，誰知他的妻子也如此，本來一件小事，丈夫不冷靜，妻子也不忍讓，針尖對麥芒，每次都是越吵越凶，到最後總釀成一場場惡戰。馬鋼夫婦「戰事」不斷，感情漸傷，雙方都覺得再也難以過下去，只好辦了離婚，各奔前程了。

拒絕白目溝通
簡單複製成功

　　轉眼又是一年，馬鐵也熱熱鬧鬧地把新媳婦娶回了家，馬大娘卻又擔上了心。當娘的最瞭解兒子，馬鐵的脾氣可不比他哥哥強多少，也是動不動就吹鬍子瞪眼，弄不好就掄拳頭。馬大娘密切注意著這對新婚燕爾的年輕夫妻，隨時準備著去排解「戰爭」。這一天終於來了。不知為什麼，馬鐵扯著嗓子對妻子大喊大叫。馬大娘聞聽「警報」，立即闖進了小倆口的房間。馬大娘看到，馬鐵黑著臉，拳頭已高高舉起。「渾小子，你——」馬大娘話還沒說完，卻見二兒媳一不躲，二不閃，衝著丈夫柔情蜜意地一笑，嬌滴滴地說：「要打你就打吧，打是親，罵是愛嘛。可就別打得太重了。」這下可好，馬鐵不但收回了高舉的拳頭，連黑著的臉也被逗了個「滿園桃花開」。可能發生的一場風波頓時平息了，馬大娘被兒媳那股撒嬌樣兒逗得差點笑岔了氣。日子一天天過去，馬大娘發現二兒子發脾氣舉拳頭的時候幾乎不見了。後來，二兒子對她說：「媽，我算服了她了，還是她『厲害』，有涵養。」馬大娘也由衷佩服這個懂得「撒嬌藝術」的兒媳婦了。

　　「撒嬌藝術」，其實就是古之兵法上「以柔克剛」的藝術。老子認為「柔弱勝剛強」，他說：「天下柔弱莫於水，而攻堅強者莫之能勝，以其無以易之。」這句話的意思是說，天下沒有比水更柔弱的東西了，但是任何堅強的東西也抵擋不住它，因為沒有什麼可以改變它柔弱的力量。恰當運用「柔」，任何堅強的東西都會為之融化，巧妙地運用「撒嬌」，就等於為婚姻安上了一個「安全閥門」。

　　也許有的妻子聽了這個觀點很不服氣：「夫妻平等，誰都有個自尊心，難道讓我屈服在辱罵與拳頭之下，還要陪笑臉？我可不能服軟！」要是這樣理解可就錯了。妻子給丈夫一個笑臉、一句幽默話，絕不是軟弱的表現，而恰恰能顯示出一個為人妻者的智慧、修養、氣質和涵養。面對這樣的妻子，只要不是那種壓根兒沒有人性、理性或

對你根本沒有感情的丈夫，相信誰都會在這大家風度面前敗下陣來而自慚形穢，並在這種潛移默化的薰陶中受到影響，自覺糾正自己的偏激性格和行為。

還有一種撒嬌，我們稱之為女人的策略性撒嬌，就是用怕黑、怕冷等傳統「弱性訴求」為方式，來獲得丈夫甜言蜜語的安慰、鼓勵或者肢體安撫，或者用以掏空丈夫腰包、左右他的決定甚至留住丈夫目光。古代很多昏君為了博美人一笑不惜發動戰爭或者放火殺人。枕邊風的威力是不可忽視的，所以聰明的女人，為了達到自己的目的，與其與男人歇斯底里地爭吵，還不如對他溫柔地撒個嬌，往往會達到意想不到的效果。

巧用「撒嬌」藝術，確是夫妻交往中消除隔閡、增進瞭解、陶冶性情、加強涵養的具有實用價值的好辦法。做妻子的，當丈夫發脾氣時，不妨試試這招「撒嬌絕技」；當你的丈夫心情鬱悶時，不妨打打這支女人特有的「獨門暗器」，這對增進夫妻之間的感情，肯定會大有益處。為人妻者請牢記：「撒嬌」是對付老公的重要法寶。

其實，每一個女人差不多都會撒嬌，不過撒嬌也要講究一些方式才會讓男人心動。下面，我們就簡單介紹幾種撒嬌的方式。

（1）暱稱

在沒有人的情況下，你可以喚他名字尾字的**疊音**，要喚得自然，而且堅持下去，會收到意想不到的效果。

（2）眼淚

將自己不幸的事情或悲慘的遭遇講給他聽，讓他起憐惜之心，然後順勢趴在他的肩頭，傷心地哭泣，這時他怎麼也不好意思把你的頭從他的肩上挪走。

（3）輕輕的一個吻

在距離很近的時候，迅速地在他臉頰上吻一下，然後逃開。這應該算投石問路，如果他下次不是有意避開你，你就十拿九穩了。

（4）「沒什麼事，只是想你了。」

這是最能讓對方感動的一句話，男女通用。你可以在幾乎任何時間、任何地點，通過任何方式、任何手段，如電話、呼機、電子郵件、小卡片等來告訴他這句話。相信任何一個真正愛你的人都會感到被你愛著的溫馨。

（5）用點親密的小動作

在他頭髮上黏有東西的時候細心地幫他拿下來，在他衣領不整齊的時候順手幫他整整領子，這些只有夫妻之間才有的親密小動作，會令他覺得溫馨卻不多餘，只有濃濃的暖意撫摸著他的心。

（6）適當地用一些甜蜜言語

當你的丈夫在氣頭上時，你適當地用一些甜言蜜語，就可以化解他心頭的怒氣，使你們之間的緊張關係又和好如初。

（7）用哄小孩的方式安慰一下

男人其實也就像一個大孩子，如果他脾氣上來了，或者你們之間發生了矛盾，也需要你像哄小孩一樣哄一下他，這樣可以使他的情緒好過來。

當然，撒嬌的方式有許多種，只要我們在現實中細心觀察就可以學到很多。學到後，還要善加揣摩，運用到自己的實際生活之中。

當然，撒嬌也要有個度：每一個女人都曾經被男人當成寶貝寵著，只是有的女人不懂得男人的累，她們認為男人天生就要包容女人。如果說男人一個不小心忽略了自己，她就會開始無事生非，而且會在撒嬌鬧小脾氣之餘撒野、撒潑。這樣的女人變得越來越不可愛，也不會有男人用耐心來哄這樣的女人。其實，當兩個人從戀愛走進婚姻，男

人都希望女人能夠變得懂事起來。當女人撒野的時候，男人不知道那是因為女人想讓他去哄，只會認為女人不夠溫柔，不夠體貼。而面對一個整天只會發脾氣的女人，男人只會有一個想法，那就是逃離。

同時，撒嬌也要分場合：不是隨時隨地都可以對自己的男人撒嬌，如果想讓自己的生活更加幸福，就一定要摸清情況，看准場合。

另外，撒嬌也要看對象：男人若不愛女人，在男人眼裡，女人的撒嬌只能是滑稽可笑的，甚至是裝模作樣的表演。這時，女人的撒嬌非但不會增進彼此之間的感情，反而會讓男人覺得厭惡乃至噁心。所以，女人千萬要記住：撒嬌是要看對象的。不是所有的男人都喜歡看你撒嬌，在不愛你的男人面前撒嬌，實際上是在讓自己出醜。

那麼，聰明的你就做一個能撒嬌且會撒嬌的女人吧，這樣你就會更有女人味，也會是個幸福的女人，最重要的是會撒嬌的女人有人疼。

撒嬌是女人特有的「獨門暗器」，這對增進夫妻之間的感情，肯定會大有益處。為人妻者請牢記：「撒嬌」是對付老公的重要法寶，也是最具個人特色的溝通方式。

7 留得青山在，不怕沒柴燒

古人有三句話，其一，「能屈能伸大丈夫」，其二，「留得青山在，不怕沒柴燒」，其三，「君子報仇，十年不晚」。其實，所表達的都是一個意思，就是在關鍵時刻要保住性命，只要有命在，就有捲土重來的機會。

清朝的創始者努爾哈赤雖是滿族人，但他卻十分精通漢族文化，也深諳此理。在他初起兵時，力弱兵單，不能死打硬拚，為保存力量，以圖日後大業，吃虧就是十分必要的。事實上，努爾哈赤也是這樣做的。

西元 1574 年，15 歲的努爾哈赤帶領他 10 歲的弟弟，因不堪忍受繼母的虐待，離家出走，寄居在外祖父王杲門下。而王杲與明軍作對，擾邊作亂，成為明軍剿拿的對象。這一年，明邊軍總兵李成梁率軍攻破王杲寨時，努爾哈赤兄弟正在王杲家中，雙雙被俘。

努爾哈赤一看，大事不好，他見機行事，雙膝一併，「撲通」一下跪在李成梁的馬首之前，聲淚俱下，懇求李成梁賜他一死，其情殷殷，其聲悲切，此招果然見效。李成梁見其兄弟兩人乖敏可憐，赦其不死，收在帳下，充作幼丁，而王杲則被處死。

自此後，每有征戰，努爾哈赤都勇敢衝殺，奮勇向前，屢立戰功，頗受李成梁賞識。李成梁後來提升努爾哈赤做自己的隨從侍衛，他們倆，關係密切，形影相隨，如同父子。

努爾哈赤暫時的吃虧，是有目的的。他與總兵李成梁雖然如同父子，對李成梁的態度甚是恭敬，小心伺侯，耐心服侍。但卻是心有韜略，早有自己的打算，決不會因李成梁的器重而改變。

　　果然，大約在西元 1577 年前後，年輕力壯的努爾哈赤帶著幾年來累積的豐富軍事經驗，帶著滿腹的文韜武略，與弟弟一起，偷偷離開了李成梁，去開創自己宏偉事業。

　　當然，這裡我們說的「留得青山在，不怕沒柴燒」，應把握好以下行為界限：第一，目的應該是為了渡過難關，克服別人給你製造的麻煩，以免影響你的正事；第二，這種信念所針對的麻煩應是對抗性的矛盾和衝突，而不是那些雞毛蒜皮的小事；第三，著眼於遠大目標，致力於成就大事，而不能採取卑鄙的報復；第四，這種信念的價值就在於以暫時之「軟弱」、「吃虧」來換取長久的利益。

　　因此，在情況不利的局勢下，忍是一種韌性的戰鬥，是一種低調的做人策略，是戰勝危難和險惡的有力武器。凡能忍者，必定志向遠大。凡志向遠大者，必定能識大體、顧大局。而忍就是識大體、顧大局的表現。縱觀歷史，能成非常之事的人都懂得忍的意義。

　　生活中，忍是一貼磨難的良方。因為生活中的瑣碎小事太多，一不小心就會招惹是非。所以，糊塗學提倡忍一時風平浪靜；退一步海闊天空。因為，忍一時之疑，一方面使你脫離被動的局面，同時也是一種意志、毅力的磨煉，為日後的發憤圖強、勵精圖治、事業有成奠定了正常情況下所不能獲得的基礎。遇事三思而後行，把忍放在心頭才是上策。

　　生活中，不能爆竹脾氣一點就著，不能針尖對麥芒，而是要在尖銳的局勢面前，去尋找新的機會，就會迎來柳暗花明又一村的嶄新局面。

8 睜一隻眼，閉一隻眼

說起「睜一隻眼閉一隻眼」，很多人的感覺也許都很不好。這是事不關己，袖手旁觀嗎？這不是是非不分，姑息養奸嗎？

但是在生活中有時我們也不得不睜一隻眼閉一隻眼。就說打靶，不把一隻眼睛閉上，即使是神槍手，也不太會正中靶心；又如使用顯微鏡觀察物體，不把一隻眼睛閉上，能看得清顯微鏡下的東西嗎？

當然，這些都只是些表層的事情。更深層的，我認為，睜一隻眼閉一隻眼還是我們必須學會的處世態度。並不是指欺軟怕硬、縱容壞人之類，也不是要對一些不平之事袖手旁觀，而是指揣著明白裝糊塗。

孔子東遊列國的時候，有一天他看到兩個獵人在指手畫腳，好像為了一件事而爭論得面紅耳赤、唾沫橫飛。

孔子急忙趕過去詢問他們在爭論什麼？原來是為了一道算術題。矮個子獵人說三八等於二十四，而高個子獵人堅持說三八等於二十三，各持己見、爭論不休，幾乎動起手來。最後，二人打賭請一個聖賢作裁定，如果誰的答案正確，對方就將一天的獵物給勝者。這時，二人請聖人裁定，孔子竟然叫認為三八等於二十四的人將獵物交給說三八等於二十三的獵人。這個人拿著獵物走了，這種裁判，矮個子獵人不答應了，很是氣憤地說：「三八二十四，這是連小孩子都不爭論的真理，你是聖人，卻認為三八等於二十三，看樣子也是徒有虛名呀！」

孔子聽了矮個子獵人的話後，笑著說：「你說的沒錯，三八等於二十四是小孩子都不爭論的真理。你堅持真理就行了，幹嘛還要與一個根本就不值得認真對待的人討論這種不用討論也再明顯不過的問題

呢？」矮個子獵人似有所悟。孔子又拍拍他的肩膀說道：「那個人雖然得到了你的獵物，但他卻得到了一生的糊塗；你是失去了獵物，但得到了永恆的真理！」

內心本來是「清清楚楚」的，卻為了實際的需要，在外人面前表現出「糊糊塗塗」的姿態，也許更加有助於達到「圓通」的境界，這也是一種出色的人生智慧。

把「睜一隻眼閉一隻眼」活學活用到生活中，也可看成是對有些事情，你好像已經看見了，好像又沒看見。對有些話語，你好像已經聽見了，好像又沒聽見。對別人的怒吼辱罵都聽得一情二楚，除了徒增煩惱怒氣，讓自己處於不利地位之外，有什麼好處嗎？所以適當地裝聾作啞，有時能建奇功。

《東周列國志》所描述的膾炙人口的「絕纓會」就說明楚莊王的將帥氣度。西元前 605 年，楚莊王經過艱苦作戰，平定了令尹鬥越椒發動的叛亂之後，大擺酒宴，招待群臣，名曰「太平宴」。

當時楚國文武百官俱來赴席，喝到日落西山，夜深之後，莊王仍然興致不減，令人點起蠟燭，繼續歡樂，並要寵妾許姬前來祝酒助興。忽然一陣大風吹過，將燈燭吹滅。這時，有一人見許姬長得美貌，便趁黑燈瞎火之際，仗著酒意暗中拉住了許姬的衣袖。

許姬大驚，左手奮力掙脫後，右手順勢扯下了那人帽子上的纓###。許姬取纓在手，連忙附耳奏說：「我奉大王命敬百官酒，其中一人無禮，乘燭滅，強牽我袖。我已攬其纓在手，大王快命人點燭，看看是哪個人幹的！」誰知，莊王聽罷，便對大家說：「寡人今日要與諸卿開懷暢飲，大家統統絕纓摘帽，喝個痛快。」當文武官員皆去纓之後，莊王才命令點燭掌燈，於是，那個調戲許姬的人便被遮掩過去。

拒絕白目溝通
簡單複製成功

　　散席之後，許姬不解地問莊王：「男女之間有嚴格的界限，況且我是大王的人。您讓我給諸臣敬酒，是對他們的恩寵。有人竟敢當您面調戲我，就是對您的侮辱，您不但不察不問，反而替那人打掩護，這怎麼能肅上下之禮，正男女之別呢？」莊王笑著說：「這你婦人家就不懂了。你想想，今天是我請百官來飲酒，大家從白天喝到晚上，大多帶幾分醉意。酒醉出現狂態，不足為奇。如果按照你說的把那個人查出來，一會損害你的名節，二會破壞酒宴歡樂氣氛，三會損我一員大將。現在我對他寬大為懷，他必知恩圖報，於國於家於我於你於他都是有利的事情啊。」許姬聽了莊王的一番道理，十分佩服。從此，後人把這個宴會叫做「絕纓會」。

　　調戲君王的寵姬，無疑是對君王的侮辱，對於至尊無上的君王來說，無疑是極大的羞辱。這在奴隸社會和封建社會裡，屬於大逆不道的行為。誰要是犯了這方面的罪過，是絕沒有什麼好結果的。可是楚莊王卻能原諒屬下的不軌，睜隻眼閉隻眼，假裝糊塗，並且還設法替他打馬虎眼，不失為處世的高手，當然也顯示出了楚莊王的將帥氣度。而正是楚莊王的睜一隻眼閉一隻眼，一時的「裝糊塗」，才有了「絕纓會」後接下來的一段善報。

　　七年之後，楚莊王興兵伐鄭，前部主帥襄老的副將唐狡，自告奮勇，衝鋒在前。唐狡與眾士卒拚死作戰，終於殺出一條血路，使後續部隊順利殺到鄭都。莊王非常高興，要重賞唐狡，誰知唐狡卻答道：「微臣受大王恩賞已很多，戰死亦不足回報，哪裡還敢受賞呢？」

　　莊王很奇怪，何以如此說呢？唐狡接著說道：「我就是『絕纓會』上拉了許姬袖子的人，大王不處置微臣，使臣不敢不以死相報。」楚莊王感歎地說：「如果當初點燭治他的罪，怎麼會有今天效力殺敵的猛士啊！」

　　生活中也是這樣。俗話說得好：人無完人，每個人都有自己的缺點和不足。在人與人的交往中，如果我們總是睜大眼睛，就像兩眼球是顯微鏡似的觀察、計較別人的缺點和不足，那麼，我們永遠也不會滿意對方，我們會嫌棄、厭惡別人，就處理不好與同學、同事、朋友、親人、愛人的關係了，會破壞起碼的團結關係，會失去朋友，甚至失去親人和愛人。如果我們閉上一隻眼睛，以一份寬容的心看待別人的缺點和不足，給別人一份信心，給自己一份輕鬆，生活就變得可愛多了。唯有這樣，才能少得罪人，讓自己的人生收穫更多的成功。

　　有時，對他人的過失「睜隻眼閉隻眼」，來他個「難得糊塗」，不僅可以為自己減少很多麻煩，關鍵時刻，還能成為自己的救命稻草。

9 做人要方，也要圓

　　做人要方圓有道，就必須講究一點「心眼」。為什麼銅錢是內方外圓？這就是中國辯證哲學的集中體現，做人要方也要圓。

　　圓為靈活性，隨機應變，具體事情具體分析；方為原則性，堅守一定之規，以不變應萬變。人的智慧雖然應圓融無礙，但在具體的作為上卻不能模棱兩可。也就是說，做人必須遵守一定的法度和規則，以便立足於社會之中。

　　乾隆帝晚年，和珅位高權重，幾乎一手遮天，大小官吏趨炎附勢，奔走門下。紀曉嵐卻始終保持清廉正直的品格，堅決不與他同流合污。

　　有一次，和珅新造了一座府邸，並在花園中建了一座涼亭，建涼亭當然要題匾，和珅便求紀曉嵐為其題匾。紀曉嵐雖不想輕易得罪和珅，但又看不慣其所作所為，便想暗中嘲弄他一下。

　　紀曉嵐謙和地接待了和珅，鄭重其事地為和珅寫了兩個大字：「竹苞」。這「竹苞」二字本是《詩經‧小雅》中的詞語，其原句是「如竹苞矣，如松茂矣」，所以人們常以「竹苞松茂」代表華屋落成，預示家族興旺之意。和珅見紀曉嵐只寫「竹苞」二字，以為文簡意豐，別有韻味，便製成金匾，端端正正地掛在亭上，還時常向人炫耀。

　　沒有多長時間，乾隆來到和府遊玩。到了花園，乾隆看見亭上的匾，便問和珅是何人所書。和珅奏過後，乾隆說道：「是啊，也只有紀曉嵐才能寫出這種詞兒來……」說罷居然哈哈大笑，和珅聽皇上笑得弦外有音，心中疑惑不已，卻又不敢多問。同時陪乾隆遊玩的還有大學士劉墉，他見和珅一臉茫然，就對和珅笑道：「和中堂，鄙人之見，這個紀曉嵐在和你開玩笑！」

和珅更加不解。劉墉笑道：「您把『竹苞』二字拆開來看，豈不是『個個草包』嗎？」和珅這才恍然大悟，心中又羞又惱。

這就是一個方圓做人的例子。當對手非常強大或十分難纏時，當自己處於不利的地位時，不妨轉換一下思維採取另類行動。

做人要圓。這個圓絕不是圓滑世故，更不是平庸無能，這種圓是圓通，是一種寬厚、融通，是大智若愚，是與人為善，是居高臨下、明察秋毫之後，心智的高度健全和成熟。不因洞察別人的弱點而咄咄逼人，不因自己比別人高明而盛氣凌人，任何時候也不會因堅持自己的個性和主張讓人感到壓迫和懼怕，任何情況下都不要隨波逐流，要潛移默化，決不讓人感到是強加於人……這需要極高的素養，很高的悟性和技巧，這是做人的高尚境界。

圓的壓力最小，圓的張力最大，圓的可塑性最強。

可方可圓，能夠把圓和方的智慧結合起來，做到該方就方，該圓就圓，方到什麼程度，圓到什麼程度，都恰到好處，左右逢源，就是古人說的「中和」、「中庸」。

能做到不急不躁，不偏不倚；不左不右，不上不下；可進可退，可方可圓。這樣，你的人生就達到了高境界，不論何時何地，你都不會吃虧。

做人要方也要圓，就宛如一對孿生兄弟姐妹那樣，他們總是「形影不離的相親相愛著」，並且還相互的遷就著彼此而心心相印的奮發圖強。方圓相融，方能八面玲瓏。

電子書購買

爽讀 APP

國家圖書館出版品預行編目資料

情感力，打破人脈壁壘的心理學：拒絕白目溝
通，簡單複製成功！/ 蔡賢隆 著 . -- 第一版 . --
臺北市：財經錢線文化事業有限公司 , 2023.09
面；　公分
POD 版
ISBN 978-957-680-674-2(平裝)
1.CST: 人際關係 2.CST: 生活指導
177.3　　　112013299

情感力，打破人脈壁壘的心理學：拒絕白目溝通，簡單複製成功！

臉書

作　　　者：蔡賢隆
發 行 人：黃振庭
出 版 者：財經錢線文化事業有限公司
發 行 者：財經錢線文化事業有限公司
E - m a i l：sonbookservice@gmail.com
粉 絲 頁：https://www.facebook.com/sonbookss/
網　　　址：https://sonbook.net/
地　　　址：台北市中正區重慶南路一段六十一號八樓 815 室
Rm. 815, 8F., No.61, Sec. 1, Chongqing S. Rd., Zhongzheng Dist., Taipei City 100,
Taiwan
電　　　話：(02) 2370-3310　　　傳　　　真：(02) 2388-1990
印　　　刷：京峯數位服務有限公司
律師顧問：廣華律師事務所 張珮琦律師

定　　　價：350 元
發行日期：2023 年 09 月第一版
◎本書以 POD 印製